UN JUGE FACE AU POUVOIR

De la gauche à la droite, les secrets de Renaud Van Ruymbeke

Déjà publié par Gilles Gaetner :

L'ARGENT FACILE. DICTIONNAIRE DE LA CORRUPTION EN FRANCE, Stock, 1992.

GILLES GAETNER
ROLAND-PIERRE PARINGAUX

UN JUGE FACE AU POUVOIR

De la gauche à la droite, les secrets de Renaud Van Ruymbeke

BERNARD GRASSET
PARIS

Avertissement

Ce livre raconte l'histoire de plusieurs affaires qui ont la particularité d'être instruites — ou de l'avoir été — par le même magistrat. Notre objectif a été de comprendre et d'expliquer, pas de juger ou de présumer d'une décision de justice. Le journaliste n'est ni un juge ni un justicier et les condamnations ou relaxes sont l'affaire des tribunaux.

Cela dit, il n'est pas interdit à la presse de contribuer, elle aussi, avec ses moyens et conformément au rôle qui est le sien dans une société démocratique, à la manifestation de la vérité. Tous les faits rapportés ici s'appuient sur des documents et des témoignages dont certains ont déjà été évoqués dans la presse. Il est clair qu'ils peuvent être contestés par les intéressés, dont beaucoup sont inculpés. Et bénéficieront, le cas échéant, d'un non-lieu ou d'une relaxe. Tout inculpé ou mis en examen — selon la terminologie en vigueur depuis le 1er mars 1993 — doit être présumé innocent.

Chapitre premier

Au cœur de la rose

Paris, mardi 14 janvier 1992, 14 h 30. Tout est calme, en ce début d'après-midi, lorsque deux voitures immatriculées en Ille-et-Vilaine se garent sur le trottoir à proximité du numéro 10 de la rue de Solférino, siège du Parti socialiste. Dans la matinée a eu lieu la transmission des pouvoirs entre le premier secrétaire sortant, Pierre Mauroy, et Laurent Fabius, qui prend sa place. Une victoire pour les fabiusiens dans leur lutte pour le contrôle du parti. Une victoire aussi pour François Mitterrand, mis en échec, trois ans plus tôt, lors d'une première tentative pour imposer son protégé à la tête du PS.

Tout s'est bien passé : une brève cérémonie dans la cour ; une accolade devant les caméras puis un tête-à-tête entre les deux anciens Premiers ministres dans le bureau qui fut celui de François Mitterrand ; un champagne vite sablé avec les permanents du siège. Pas de temps perdu. Il est vrai que le temps presse. Les échéances électorales — mars 92 et mars 93 — approchent et la nouvelle direction n'aura pas trop d'un an pour redresser la barre d'un parti déboussolé par la crise, ballotté par les courants, discrédité par les scandales. En ces temps incertains, hériter du PS n'est pas forcément un cadeau, et le nouveau capitaine n'aura pas trop de tout son génie manœuvrier pour éviter un naufrage. Fabius est-il l'homme de la situation ? C'est, en tout cas, l'homme du Président. Cela suffit-il à être l'homme providentiel ? On verra bien.

La matinée tire à sa fin. On se sépare. C'est demain, à l'occasion d'une réunion du bureau exécutif, que Fabius doit vraiment prendre le parti en main. Chacun repart de son côté. Mauroy file avec son cadeau d'adieu : une lettre de Jules Guesde, l'un des pères du socialisme français, et comme lui élu du Nord. Le nouveau maître de la maison, qui est encore président de l'Assemblée nationale pour quelques jours, va savourer sa victoire à deux pas de là, dans les lambris et les ors du palais de l'hôtel de Lassay où se trouve son appartement de fonction. D'autres filent vers de plus modestes cantines. Il n'en manque pas dans le quartier Solférino-Bac-Saint-Germain, véritable triangle d'or des gargotes pour politiciens. Pour le reste on n'attend rien de particulier de cette journée. Les permanents ont déserté la place. Seule une hôtesse veille. La confiance règne. Le portail est resté grand ouvert.

A quelques pas de là, quatre hommes descendus des deux voitures sont bientôt rejoints par un couple qui arrive à pied du boulevard Saint-Germain. L'homme, une quarantaine d'années, visage émacié, moustache noire, donne des consignes aux autres qui font cercle autour de lui. Tous sont arrivés le matin de Rennes. La ville où les fabiusiens, à l'occasion d'un congrès meurtrier, avaient déclenché deux ans auparavant une guerre de clans dont le PS ne s'est jamais vraiment remis. Une guerre qui a connu ici même, ce matin, un énième épisode. Les nouveaux arrivants sont-ils conscients de cet arrière-plan ? Sans doute pas.

« Allons-y ! » Les visiteurs franchissent le portail du numéro 10. Dans le hall d'entrée, l'hôtesse regarde arriver cette équipe à l'allure de provinciaux retardataires. Politesses. Objet de la visite. La jeune femme écoute avec un étonnement croissant l'homme à la moustache expliquer posément qu'il est juge ; que les personnes qui l'accompagnent sont des officiers de police judiciaire et une greffière ; qu'ils sont venus de Rennes pour une perquisition. Ils souhaitent visiter les bureaux de la trésorerie. En présence d'un responsable.

Une descente de police au siège du PS, est-ce bien sérieux ? On n'est pas ici dans un moulin. On est dans le sanctuaire historique du parti qui gouverne la France depuis bientôt douze ans. Le saint des saints. Le cœur de la rose. Mais un coup d'œil aux visages qui la fixent montre à l'hôtesse que ces messieurs ne plaisantent pas. Après un moment de flottement, elle entame une série de coups de téléphone. Mais les responsables sont absents ou injoignables. Henri Emmanuelli, le trésorier du PS, n'est pas là. D'autres sont partis déjeuner. Ces provinciaux semblent ignorer qu'à Paris, surtout dans ces parages, les repas d'affaires se terminent plutôt tard. Enfin, après plusieurs tentatives l'hôtesse semble avoir mis la main sur quelqu'un. « Quelqu'un arrive, attendez », lance-t-elle au juge et aux policiers qui patientent dans l'entrée. Il faudra un bon quart d'heure avant de voir débarquer le premier responsable. Même s'il n'en laisse rien paraître alors qu'il fait les cent pas dans le hall d'entrée, comment le magistrat ne serait-il pas inquiet ? Et si le temps perdu en ce moment au rez-de-chaussée était mis à profit, là-haut, dans les bureaux de la trésorerie, pour faire disparaître certains documents. Ou pour contrer son défi.

Les minutes passent. La nervosité augmente. Le juge revoit la succession des événements qui l'ont conduit jusque-là. C'est en novembre 1991 que le nouveau président de la chambre d'accusation de la cour d'appel de Rennes, Dominique Bailhache, l'a chargé d'enquêter sur le financement des partis politiques dans la Sarthe. Plus précisément sur l'avatar sarthois de l'affaire Urba. Un dossier qui a déjà déchaîné pas mal de passions et provoqué le dessaisissement du juge Jean-Pierre. Un dossier explosif, sous haute surveillance. Mais un dossier ressuscité.

Confiée, en juin 1991, à Robert Cornu, un magistrat à cinq mois de la retraite, l'instruction n'avait guère progressé depuis. Manque d'effectifs ? Volonté d'enterrement ? Les avis sont partagés. Reste qu'une fois Cornu parti, c'est Van Ruymbeke qui a hérité de l'affaire. De quoi le changer de la routine des divorces et autres pensions alimentaires dont il s'est occupé ces derniers temps à la chambre de la famille.

Officiellement, le magistrat est chargé d'enquêter sur

le financement des partis politiques dans la Sarthe, entre 1988 et 1991. En fait, à travers Urba, c'est surtout le PS qui est visé. En l'état du dossier, le magistrat est vite persuadé d'une chose : s'il veut comprendre le fonctionnement d'Urba-Sarthe, qui n'est qu'un élément d'un tout bien plus vaste et centralisé, il lui faut impérativement renouer le fil de l'enquête là où il a été rompu. Autrement dit, poursuivre la perquisition commencée sept mois plus tôt par Thierry Jean-Pierre au siège d'Urba. C'est l'évidence même. Reste un problème d'ordre pratique : Urba n'existe plus. Conformément à la nouvelle loi sur le financement des partis politiques du 15 janvier 1990 (plus souvent appelée « loi d'amnistie »), le groupe a été liquidé cette année-là. Il a vidé les lieux et mis la clé sous la porte.

Cela étant, le juge n'ignore pas que c'est le Parti socialiste, père putatif du bureau d'études, qui s'est chargé de mettre fin à ses activités et d'apurer les comptes. Il sait aussi qu'après cette liquidation toute la comptabilité du groupe Urba a été transférée au siège du PS. Dans les bureaux du trésorier. Dès lors, la voie est tracée. Elle mène droit rue de Solférino. Encore faut-il, comme on dit, y aller. Car si la logique judiciaire est évidente, le risque politique ne l'est pas moins.

Sur ce chapitre, il semble que le magistrat n'ait jamais beaucoup hésité. Mais conscient des dangers et instruit par les déboires de son prédécesseur, il tablera, d'entrée de jeu, sur la discrétion et la rapidité d'exécution pour parvenir à ses fins. Car il ne faut pas rêver.

Les affaires Gaudino et Jean-Pierre l'ont crûment montré : le pouvoir veille sur le dossier comme un cerbère. S'y attaquer c'est l'attaquer. Un défi que beaucoup ne sont guère tentés de relever. Occupé à boucler d'autres affaires, Van Ruymbeke n'a pratiquement rien fait de novembre à janvier, côté Urba. Cela a-t-il suffi à tromper la vigilance de ceux qui ont la charge des dossiers sensibles ? Ce n'est pas sûr.

Dans l'épreuve qu'il engage, le magistrat n'ignore pas que les moyens du Parti socialiste, qui est aux commandes de l'Etat, sont énormes. Surtout en matière de justice. En France, les parquets et les procureurs sont dépendants du pouvoir exécutif, en l'espèce, le ministère de la Justice. Quelles que soient leurs velléités d'indépendance, c'est par leur biais que la Chancellerie contrôle les procédures et les enquêtes, décidant souverainement de l'opportunité des poursuites. Ce qui donne parfois lieu à de beaux enterrements.

A la tête de ce dispositif, le pouvoir place des hommes de confiance. Quitte à imposer un mélange des genres discutable pour un Etat de droit. Le cas d'Henri Nallet, qui, après avoir été le trésorier de la campagne du candidat Mitterrand en 1988 (une campagne à laquelle Urba fut associée), deviendra par la suite garde des Sceaux, est à cet égard symbolique. Renaud Van Ruymbeke n'a pas oublié avec quelle vigueur Nallet s'était dressé contre le juge Jean-Pierre, allant jusqu'à qualifier sa perquisition au siège d'Urba d'« équipée sauvage ». Il n'ignore pas non plus qu'à

Rennes comme ailleurs, dans les affaires dites « signalées », les actes des juges d'instruction sont transmis via le parquet général à la Chancellerie dans les heures, parfois dans les minutes, qui suivent leur rédaction.

Ce n'est pas tout. A l'Elysée, à Matignon, à Bercy, d'autres amis veillent, eux aussi, sur la justice. Quant au ministère de l'Intérieur, c'est lui qui fournit au magistrat, par le biais des SRPJ (Services Régionaux de Police Judiciaire), les inspecteurs nécessaires à ses perquisitions. Ce sont des cracks en matière financière. De ce côté-là, rien à dire. Mais, même au service de la justice, ces auxiliaires dépendent du ministre de l'Intérieur, l'un des plus politiques qui soit. Une situation ambiguë qui permet au SRPJ de coopérer plus ou moins avec le magistrat. Et au pouvoir de suivre de près certaines enquêtes. Le cas Gaudino a d'ailleurs montré jusqu'où les dirigeants étaient capables d'aller, par ministère de l'Intérieur interposé, pour bloquer la recherche de la vérité.

Dans ces conditions, comment le magistrat ne soupçonnerait-il pas ceux qui devraient être ses meilleurs alliés d'être devenus des adversaires ? C'est le paradoxe d'une justice étroitement assujettie au pouvoir : la méfiance devient vite la règle. On joue à cache-cache. On a souvent recours à des subterfuges pour mener à bien une enquête. Par exemple, Van Ruymbeke a pour règle d'en dire le moins possible au parquet général. Parce que cette institution est l'œil et l'oreille de la Chancellerie. S'il a prévenu le substitut général de permanence qu'il allait perquisitionner, les 13 et

14 janvier 1992, hors de Rennes, il l'a fait en termes vagues. Et une fois dans la capitale, il n'a pas jugé nécessaire de signaler sa présence au procureur de la République.

Face à ce formidable appareil d'Etat, le juge d'instruction ne semble pas peser bien lourd. Pourtant il est lui aussi doté de redoutables pouvoirs. Certains veulent même voir en lui « le personnage le plus puissant de France ». Pourquoi ? Sans doute parce que la Constitution garantit son indépendance et que le Code de procédure pénale résume ainsi sa mission : « (Le juge d'instruction) procède conformément à la loi à tous les actes d'information qu'il juge utiles à la manifestation de la vérité. » Ce qui donne effectivement une grande liberté de manœuvre. Depuis des lustres, tous les gouvernements se sont interrogés sur le rôle du juge d'instruction, cherchant à limiter son pouvoir. Les socialistes n'y ont pas échappé. Mais, comme leurs prédécesseurs, ils n'ont pas trouvé de solution miracle. Ils ont donc devant eux un adversaire qui peut pratiquement tout faire, dès lors qu'il ne sort pas du cadre de la loi. Même perquisitionner au siège d'un parti au pouvoir.

Pour tuer le temps, Van Ruymbeke fait les cent pas avec les policiers qui l'accompagnent et qui, jusqu'ici, l'ont parfaitement épaulé. Sa décision a été mûrie dans le plus grand secret. Néanmoins, depuis la veille, il a déjà fait pas mal de bruit. En fait sa visite au siège du PS est le troisième coup d'une reprise fracassante. Il a déjà frappé deux fois en vingt-quatre heures. Les téléphones ont dû sonner en haut lieu. La presse doit s'agiter. Le pouvoir sait depuis ce matin que le magistrat fouine du côté du boulevard Saint-Germain. Comment ne chercherait-il pas à gagner du temps ? A transformer le coup de force en fiasco.

C'est la veille, dans la matinée du lundi 13 janvier 1992, que tout a vraiment commencé. Ou, plus exactement, recommencé. Le premier coup a été frappé au Mans, point de départ de toute l'affaire. Accompagné d'une demi-douzaine de policiers du SRPJ de Rennes, Van Ruymbeke a passé le siège de la fédération socialiste de la Sarthe au peigne fin. Sans succès. Le « ménage » avait été fait. Il n'a pas eu la main plus heureuse chez Pierre Villa, adjoint PS au maire du Mans, dont les révélations avaient défrayé la chronique[1]. Ni chez le secrétaire fédéral du parti Jacques Jusforgues. Malgré tout, il les a embarqués pour les interroger à Rennes. Le juge a également profité de son passage au Mans pour visiter les bureaux de Bretagne-Loire-Equipement (BLE), une société appartenant au

1. En avril 1991, dans un entretien à *Paris-Match*, Pierre Villa, ancien chargé de la Commission des marchés de la ville du Mans, avait admis avoir fait du trafic d'influence « pour apporter du fric au Parti socialiste ». Il avait ajouté : « J'ai fait des choses totalement illégales et j'en suis plutôt fier.(...) mais je n'ai pas de compte personnel en Suisse, au Liechtenstein ni à Jersey. » Il avait confirmé qu'Urba « ponctionnait automatiquement sur le marché de l'immobilier et des travaux publics un pourcentage de 1 à 3 pour cent. Pour les fournitures aux collectivités locales cela pouvait aller jusqu'à 5 pour cent ».

GIFCO, sorte de holding réputé proche du Parti communiste [1]. Après cette entrée en matière, conduite tambour battant, le conseiller est rentré tard chez lui pour une courte nuit. Au parquet général de Rennes, où la descente au PS sarthois a provoqué plusieurs appels de la Chancellerie, on pense qu'il se consacrera le lendemain à l'interrogatoire de Villa et Jusforgues. Erreur !

Il est 4 heures du matin, mardi 14 janvier, lorsque Renaud Van Ruymbeke gare sa Peugeot blanche devant les bâtiments sans grâce du commissariat central de Rennes. A deux pas de la cité judiciaire, dont on devine l'architecture moderniste dans la nuit. La veille, il a demandé au patron du SRPJ, le commissaire divisionnaire Guy Menez, de mettre une équipe de policiers à sa disposition. Sans autre précision. Les inspecteurs, quatre spécialistes des questions financières, sont prêts ; sa greffière, aussi. Le magistrat, qui paraît de bonne humeur, serre les mains et échange quelques mots. En réponse aux regards interrogateurs, il indique, sans insister, la destination : Paris. L'équipe embarque dans deux voitures qui traversent la capitale bretonne endormie pour rejoindre l'autoroute A10. Les dés sont jetés.

Le juge est-il inquiet ? Car enfin, quel culot ! Quels risques ! Certes, aucune loi n'interdit l'action qu'il entreprend. Et le siège d'un parti politique — contrai-

1. Ce que contestent les dirigeants du GIFCO et leur avocat, Me Olivier Metzner.

rement aux ambassades et à la présidence de la République — n'est pas un sanctuaire inviolable. Il n'y a, malgré tout, guère d'exemple, dans l'histoire de la République, d'une perquisition en règle au siège du parti au pouvoir. Les nécessités de l'instruction sont une chose, mais l'inévitable médiatisation de son action ne risque-t-elle pas de causer un grave préjudice au PS, de marquer tout le parti du sceau de l'infamie ?

S'il est préoccupé par de telles pensées, Renaud Van Ruymbeke n'en laisse rien paraître. Au contraire, dans la voiture qu'il partage avec sa greffière et deux inspecteurs, il se montre plutôt loquace. Il explique son objectif : perquisitionner dans les bureaux de la SAGES, une société de relations publiques qui serait impliquée dans la collecte illicite de fonds pour certains élus PS, notamment dans la Sarthe. A 8 heures, devant le 241, boulevard Saint-Germain où l'équipe vient d'arriver après un voyage sans encombre, exception faite des embouteillages parisiens du matin, le magistrat va répéter la même chose pour les autres inspecteurs. Il précise ce qu'il cherche. Mais il ne souffle pas un mot de la visite prévue, dans l'après-midi, rue de Solférino.

Attention ! Pour un peu ils entraient dans des locaux du RPR. A deux pas de l'Assemblée, les immeubles sont truffés d'officines, bureaux et permanences de partis et d'élus. La SAGES, c'est en face. A la queue leu leu, la petite troupe se presse sur l'étroit palier et dans l'escalier. On sonne. Une secrétaire vient ouvrir. Suivie d'un homme d'une soixantaine d'années, affable et maître de lui. Michel Reyt, le patron de la SAGES, a-t-il été averti par l'un de ses nombreux amis ? En tout cas, il n'a pas l'air surpris en écoutant ce magistrat un peu raide, de vingt-cinq ans son cadet, lui exposer les motifs de sa visite. Il n'a rien à cacher. La soixantaine bien portée, une allure de médecin ou de PDG des beaux quartiers. Une voix sonore enveloppante. « Voici mes comptes », « Je n'ai rien à cacher », « J'ai été contrôlé ». Un hôte poli, coopératif, habitué à négocier. Il propose du café que les visiteurs refusent. Service-service... Dans l'appartement transformé en bureaux, le juge et les policiers fouillent, feuillettent, rangent ou mettent de côté. Michel Reyt répond aux questions, précise tel ou tel point. La greffière note. La secrétaire a pour consigne de répondre aux appels téléphoniques que « M. Reyt est en réunion ». Exact !

Midi. L'affaire est dans le sac. C'est le cas de le dire. Finalement le conseiller décide d'embarquer la plus grande partie de la comptabilité. Classeurs et dossiers sont jetés dans une demi-douzaine de sacs poubelle gris. Les crédits de la Justice ne permettent rien de mieux. Une fois l'opération de pose des scellés terminée, Michel Reyt signe de bonne grâce le procès verbal de perquisition. C'est l'heure du déjeuner. Le patron de la SAGES regarde partir la petite troupe, chargée des sacs poubelle, dans l'escalier. Il sent déjà qu'il reverra ce juge froid et efficace. Mais qui est-il ? Et qu'est-ce que tout cela signifie ? Qui a bien pu le balancer ? Après la descente des agents du fisc, qui ont épluché une fois de plus toute sa comptabilité deux mois plus tôt, il trouve que ça commence à bien faire ! La tête bourdonnante, il décroche son téléphone pour tenter d'obtenir des réponses à ses questions. Il connaît tant de gens importants...

L'équipe s'attable dans une brasserie toute proche, fréquentée par bon nombre de députés. Les policiers se rendent-ils compte qu'ils ont fait un gros coup ? Comme hier, ils ont parfaitement secondé le juge. Ils connaissent bien leur boulot et semblent apprécier ce magistrat rapide et précis, qui sait ce qu'il veut. Ils ont compris, après la perquisition de la veille, qu'il était engagé dans une partie risquée et qu'il n'avait pas l'intention de lever le pied. Pas besoin de questions superflues. Ils sont bien placés pour savoir que, dans ce genre d'exercice, les pressions sont fortes et que beaucoup finissent par céder. De gré ou de force. Eux aussi ont éprouvé cette frustration du travail saboté, des dossiers escamotés, et pas un n'a oublié les mésaventures de l'inspecteur Gaudino. L'un des leurs. Pour beaucoup un homme d'honneur, un exemple. Entre le juge et eux, les relations sont empreintes de complicité et de prudence. De beaucoup de bonne volonté et d'un rien de méfiance. Mais, pour l'heure, tous mangent dans la bonne humeur.

Vers la fin du repas, Van Ruymbeke quitte la table. Il a une vérification à faire. Avant de s'éclipser, avec sa greffière, il donne rendez-vous aux policiers une demiheure plus tard, tout près de là, au 10 de la rue de Solférino. Arrivés à l'endroit indiqué, les policiers se frottent les yeux. Est-ce possible ? Mais ils n'ont pas le temps d'épiloguer. Le juge les a déjà rejoints et il explique, posément, comme si cela allait de soi, que c'est bien ici, au siège du Parti socialiste, qu'il a prévu de passer l'après-midi.

L'équipe est dans la place, mais les minutes passent et la partie n'est pas gagnée. Après le passage à la SAGES, il serait étonnant qu'on ne s'agite pas en haut lieu, à la Chancellerie, au ministère de l'Intérieur, chez le procureur de Paris et chez celui de Rennes, etc. Où est passé Van Ruymbeke ? Comment, vous ne savez pas ! Trouvez-le, nom de Dieu !

Enfin, un peu avant 15 heures, un responsable se présente. Aimable et décontracté, Laurent Azoulai, délégué général à la trésorerie du PS, est le bras droit d'Henri Emmanuelli, député des Landes, ancien secrétaire d'Etat au Budget et trésorier du PS. L'hôtesse l'a joint dans un restaurant du quai Voltaire où il déjeunait. Il paraît surpris mais pas vraiment inquiet. On fait les présentations. Van Ruymbeke et son équipe se font conduire dans les bureaux de la trésorerie, au troisième étage. Le juge demande à voir le bureau du trésorier, mais il n'y entrera pas et il donne la consigne de ne pas le fouiller. Il sait qu'Emmanuelli est couvert par l'immunité parlementaire. C'est pour cela qu'il s'était éclipsé à la fin du déjeuner : s'assurer, au bureau d'accueil de l'Assemblée nationale, qu'il y avait bien une session parlementaire. Après la visite des lieux, le juge s'installe dans le bureau d'Azoulai, en bonne compagnie ; les murs sont en effet ornés des portraits du président Mitterrand et des principaux dirigeants socialistes.

La perquisition commence. D'un côté, Van Ruymbeke questionne l'adjoint d'Emmanuelli sur la comptabilité du PS et ses liens avec Urba. De l'autre, dans les bureaux voisins, les inspecteurs fouillent les armoires, ouvrent les tiroirs et examinent les dossiers. Ils tombent bientôt sur le gros lot. Dans les armoires métalliques qui occupent tout un bureau, des dizaines de dossiers concernant Urba et sa liquidation sont alignés. Il y a là, bien étiquetée, toute la comptabilité de la nébuleuse Urba, échappée à Thierry Jean-Pierre, à une exception près, celle de Multiservices, une société mise sur pied pour la campagne du candidat Mitterrand, en 1988.

Au fur et à mesure que le temps passe, permanents et autres responsables arrivent. C'est notamment le cas de Gérard Welzer, ancien député des Vosges, chef de cabinet de Pierre Mauroy jusqu'à ce matin et aussi avocat d'Henri Emmanuelli. Certains bavardent avec le magistrat. On parle du financement des partis ; on lui fait valoir le caractère excessif de sa démarche, le tort qu'il va causer au PS. Lui, refuse d'entrer dans les considérations politiques. Il reste sur le terrain de la loi, il explique qu'il connaît encore mal le dossier et qu'il est venu pour comprendre. Quand il fait mine de ne pas connaître les fameux cahiers Delcroix, dont on lui montre une copie, ou qu'il affirme tout ignorer de la passation des pouvoirs entre Mauroy et Fabius, ses interlocuteurs sont perplexes. Est-il à ce point naïf ou se moque-t-il ouvertement d'eux ? Malgré tout, le ton reste poli et les échanges mesurés.

« Les journalistes sont là ! » Vers 16 heures, une exclamation va faire monter la tension. Dans la rue, des journalistes, caméras en batterie, ont pris position devant le numéro 10. Qui a bien pu les avertir ? Les socialistes soupçonnent le juge, qui s'en défend. Jusqu'à la dernière minute, il était seul à savoir. Ce matin à la SAGES et la veille au Mans, il a agi avec la plus extrême discrétion. Il est catégorique, la fuite ne vient ni de lui ni de son équipe. Il renvoie la balle à ses accusateurs. D'ailleurs, le magistrat paraît si peu soucieux de médiatisation qu'il va accepter de retarder son départ et de se prêter à un stratagème destiné à tromper les journalistes. La perquisition a pris fin vers 18 h 30. Comme ce matin à la SAGES, les dossiers confisqués ont été fourrés dans une dizaine de sacs poubelle. Sous le regard de Laurent Azoulai, dans l'odeur de cire brûlée et dans les formes, Van Ruymbeke a apposé les scellés. Le procès-verbal de perquisition une fois signé, le juge et son équipe sont impatients de quitter les lieux. Car pour eux, la journée n'est pas finie. Partis avant l'aube, ils ont encore 350 kilomètres à faire dans la nuit pour regagner Rennes. Cependant, leurs interlocuteurs souhaitent qu'ils restent encore un peu. Pas par sympathie. Il s'agit, dans l'immédiat, de sauver la face sur le plan médiatique, de tout faire pour que les télévisions ne puissent pas retransmettre vers des millions de foyers des images du magistrat et des policiers sortant du sanctuaire socialiste. Avec — cruel symbole — leur chargement de sacs poubelle. Van Ruymbeke se prête au jeu, accepte d'attendre la fin des journaux télévisés du soir pour s'éclipser. Et de le faire discrètement.

En attendant, pour tuer le temps, le magistrat, ses policiers et les socialistes présents regardent ensemble les journaux télévisés de 20 heures. On y parle de la perquisition. On voit la façade du 10, rue de Solférino. Le suspense se prolonge... Mais rien de ce qui suit ne se passe en direct. Bientôt, le moment est venu d'aller récupérer les voitures pour y fourrer les sacs. Mais elles sont sur le trottoir, à deux pas des journalistes. Nouvelles inquiétudes, nouveaux conciliabules. Finalement, pour la deuxième fois dans la soirée, la parade est trouvée. Pour la deuxième fois le juge se prête au stratagème.

Vers 20 h 40, les portes du 10 s'ouvrent. Aux journalistes venus s'agglutiner autour de lui, Azoulai commence à lire un texte préparé. Le Parti socialiste s'étonne « d'une procédure conduite pour la première fois depuis de longues années au siège d'un parti politique national ». Le PS, ajoute-t-il, « n'a rien à cacher à la justice mais n'entend pas être victime d'une démarche qui serait de nature partisane ». Pendant qu'il parle, face aux projecteurs et aux caméras, deux inspecteurs récupèrent discrètement les voitures. La diversion réussit parfaitement. La presse n'y voit que du feu. Il est près de 21 heures lorsque l'équipe bretonne quitte enfin les lieux par la sortie donnant sur la rue de l'Université. Cap à l'ouest.

Au terme d'une équipée dont on n'a pas fini de parler, le juge disparaît dans la nuit, laissant derrière lui un PS abasourdi et une presse en émoi. Alors qu'il passe au large de la ville du Mans endormie, comment ne penserait-il pas à son confrère et prédécesseur dans cette affaire, le juge Thierry Jean-Pierre : même logique, même audace, même dossier. Seul le juge a changé. Van Ruymbeke a pris le relais et renoué le fil cassé de l'affaire Urba. Et de quelle manière ! Après Gaudino et Jean-Pierre, voilà une troisième affaire Urba dont le PS ne se remettra pas.

Urba : décidément, ces deux syllabes n'en finissent pas de hanter les dirigeants socialistes. Et, apparemment, deux amnisties n'ont pas suffi à dissuader les juges de s'en prendre à leur pompe à finances officielle. Les temps bénis où tout était permis — l'âge d'or du financement si l'on peut dire — sont bel et bien finis.

Cela, pourtant, avait si bien marché pendant une quinzaine d'années. C'est au Congrès d'Epinay, en 1971, qu'une poignée de dirigeants mirent sur pied la SARL Urba-Conseil [1], en vue de participer au finance-

1. Urba, en réalité, est le diminutif tantôt d'Urba-Conseil, tantôt d'Urba-Technic, tantôt d'Urba-Gracco, trois entreprises qui font partie du groupement d'intérêt économique Gestion des Sociétés Regroupées (GSR). Par commodité, nous parlerons d'Urba. — Dès sa création en 1973, ce bureau d'études n'a compté parmi ses dirigeants que des proches de Pierre Mauroy : Antoine Blanca, un journaliste qui sera, en 1981, ambassadeur itinérant en Amérique latine ; Roger Fajardie, spécialiste des questions électorales au PS, ancien grand maître adjoint du Grand Orient de France, aujour-

ment du PS. Par la suite la société fut scindée en deux : Urba-Technic, orientée vers l'assistance technique et commerciale pour les entreprises et les collectivités locales, et Urba-Gracco, spécialisée dans les fournitures aux mêmes collectivités. L'activité des deux sociétés allait s'étendre bientôt à l'ensemble du territoire national par le biais de 16 délégations régionales. Dans les années 80, on trouvera à la tête de ce réseau un ancien syndicaliste de la police, tout en rondeurs, Gérard Monate[1].

L'objet du groupe est simple. D'abord, encaisser des fonds auprès des entreprises, en échange de ce qui est présenté et facturé comme une assistance commerciale. Ensuite, les redistribuer en payant des dépenses de nature politique pour le compte du PS, à l'échelon départemental et national.

Jusqu'en 1981, tant que la gauche est dans l'opposition, le système fonctionne sans anicroche. Mais, après l'arrivée des socialistes au pouvoir, certaines affaires commencent à attirer l'attention. C'est la rançon de la gloire. Des articles de presse et des enquêtes policières laissent ainsi entrevoir que les pratiques d'Urba ne sont

---

d'hui décédé ; André Bellon, qui sera député (PS) des Alpes-de-Haute-Provence, et le très influent préfet André Sudre, qui sera en 1981 chef de cabinet du ministre des Affaires européennes, André Chandernagor.

1. Le premier président d'Urba sera Guy Marty, un ancien collaborateur de Paul Ramadier et de Pierre Mauroy. Par la suite, de 1984 à 1990, le président sera Gérard Monate, ancien patron de la puissante Fédération Autonome des Syndicats de Police (FASP).

pas très orthodoxes. On apprend, en 1982, qu'un promoteur français, Olivier Picot, désireux d'investir en Espagne a dû verser 520 000 francs au bureau d'études pour obtenir le feu vert de la Direction du Trésor. Mais Jacques Delors a dit non. Du coup, par peur du scandale, Urba remboursera le promoteur.

Un an plus tard, on reparle d'Urba dans l'Hérault, où le président d'une entreprise de collecte d'ordures est accusé d'avoir versé 6 millions de francs de pots-de-vin à divers organismes, dont Urba. Le généreux donateur, Louis Nicollin, est également président du club de football de Montpellier-La Paillade. Quant au policier qui a dévoilé l'entourloupe, c'est un inspecteur de la Section économique et financière du SRPJ de Lyon. Un nommé... Antoine Gaudino. Tout cela fait mauvais genre. Mais il ne s'agit que de quelques accrocs. Pas vraiment de quoi inquiéter le pouvoir. D'autant qu'à l'époque la seule loi en matière de financement des partis politiques, c'est la loi de la jungle.

Six ans plus tard, l'inspecteur Gaudino, qui officie désormais à Marseille, fait à nouveau des siennes. Enquêtant sur une affaire de fausses factures (dite « affaire SORMAE », du nom de l'entreprise de travaux publics impliquée), il est conduit à perquisitionner, le 19 avril 1989, au siège de la délégation régionale d'Urba. Et là, il met la main sur des carnets de notes explosifs. Les fameux « cahiers Delcroix », du nom de l'ancien directeur régional d'Urba, Joseph Delcroix. Ce dernier, tel un scribe méticuleux, a transcrit sur des cahiers d'écolier le contenu de toutes les réunions de l'état-major du bureau d'études, de 1983 à 1988. On y trouve répertoriés non seulement les besoins de financement du PS, le travail des bureaux régionaux et les renseignements sur les concurrents, mais aussi les difficultés quotidiennes, les états d'âme des militants, les rendez-vous, etc.

On y trouve surtout deux informations inédites et scandaleuses. D'abord, que la campagne de François Mitterrand, candidat socialiste à l'élection présidentielle de mai 1988, a été financée en partie par Urba. Grâce à des fonds provenant de la corruption et du trafic d'influence. Sur les 100 millions de francs qu'a coûté la campagne du Président sortant, 24 ont été payés par Urba, s'il faut en croire les notes fort explicites de Joseph Delcroix.

Les cahiers révèlent ensuite que David Azoulay, le commissaire aux comptes chargé de certifier les dépenses du candidat Mitterrand devant le Conseil constitutionnel, a purement et simplement camouflé l'origine de cet argent en ayant recours à la société écran Multiservices, créée pour la circonstance par Urba. En 1990, malgré la demande du procureur de la République de Marseille, la Chancellerie refusera d'ouvrir une information judiciaire sur cette affaire. Entre-temps, Henri Nallet est devenu ministre de la Justice par la grâce du Président...

Les révélations se poursuivront, en octobre 1990, avec la publication de *L'Enquête impossible,* dans lequel Antoine Gaudino relate le combat qu'il a mené, en vain, contre sa hiérarchie pour faire triompher la vérité et la justice dans cette première affaire Urba. Le livre fait grand bruit. Mais le pouvoir et la justice font la sourde oreille.

Le dossier Urba semble promis à un bel enterrement, lorsqu'à l'autre bout du pays un jeune homme de trente-cinq ans, au physique de Tintin, l'œil malicieux et le poil rouge feu, hérite d'une affaire qui va permettre de le ressusciter. L'affaire, tristement banale, concerne un accident du travail qui a coûté la vie à deux ouvriers, en juin 1990, sur un chantier de la ville. Quant au jeune homme, ancien intendant universitaire devenu juge d'instruction au tribunal de grande instance du Mans, il se nomme Thierry Jean-Pierre et fait partie de ces juges qui ont reçu les lois d'amnistie de 1988 et 1990 comme des insultes. D'ailleurs, avec quelques amis révoltés comme lui — à commencer par Antoine Gaudino —, il vient de créer le « Forum de la Justice ». Thierry Jean-Pierre ne cache pas son désir de prendre sa revanche. Il attend sa chance. Elle ne tarde pas à lui ouvrir les bras.

En janvier 1991, alors que son instruction semble piétiner, Jean-Pierre reçoit l'appel d'un correspondant anonyme. Bref et direct : l'entreprise de travaux publics Heulin, chargée du chantier, a versé des pots-de-vin à des partis politiques pour emporter le marché. Avant de raccrocher, l'informateur lâche ce conseil : « Interrogez donc le Dr Coïcadan, numéro deux du Parti socialiste dans la Sarthe, il vous donnera des précisions intéressantes. »

Le 8 janvier 1991, le magistrat entend le Dr Pierre Coïcadan, ancien conseiller municipal (PS) du Mans de 1977 à 1983. D'emblée, ce dernier explique les méthodes de financement des partis politiques, de droite comme de gauche, dans la Sarthe. « J'ai su, dit-il, par mon activité de secrétaire fédéral, que certaines entreprises versaient des commissions par l'intermédiaire de bureaux d'études pour avoir des marchés publics. » Et il ajoute : « J'ai également su que des bureaux d'études tels qu'Urba-Conseil, Urba-Technic et surtout Urba-Gracco ont travaillé sur des chantiers sarthois. Le Parti socialiste entretenait, traditionnellement, des relations avec ces bureaux d'études. »

C'est là un aveu capital, qui va permettre de relancer le dossier Urba. En effet, le jour même où le Dr Coïcadan fait ces confidences, le parquet du Mans ouvre une information judiciaire contre X pour extorsion de fonds. Quelques semaines plus tard, le 28 mars, Antoine Gaudino authentifie dans le cabinet du juge Jean-Pierre une copie des cahiers Delcroix — fournie par le journaliste Jean Montaldo. A partir de là, tout s'accélère. Le 6 avril, le magistrat fait interpeller l'ancien délégué régional d'Urba pour les Pays de la Loire, Christian Giraudon, qui confirme les déclarations du docteur Coïcadan et les pratiques d'Urba.

Giraudon précise que le bureau d'études reçoit, lors des attributions des marchés, une commission s'élevant à 2 à 3 % du montant global. Une somme qui se répartit comme suit : 40 % pour les frais de fonctionnement, 30 % pour le PS au niveau national, 30 % pour l'élu local. L'ancien délégué va même plus loin, révélant la liste des municipalités de la région travaillant avec Urba : Nantes, Rezé, Saint-Nazaire, Saint-Herblain, ainsi que la Communauté urbaine du Mans, présidée par Jean-Claude Boulard. En revanche, précise Giraudon : « Nous ne travaillions pas avec la ville du Mans (municipalité communiste) prise en main par Bretagne-Loire-Equipement » (proche du PC). Ces révélations lui vaudront de se retrouver en prison. Pour extorsion de fonds, faux et usage de faux, et corruption.

Le lendemain, dimanche 7 avril 1991, le juge Jean-Pierre décide de frapper un grand coup. Il se rend à Paris où, avant d'avoir été dessaisi dans des conditions rocambolesques [1], il effectue une perquisition au siège d'Urba, 7, rue Rochechouart. Après avoir déniché deux témoins, dont l'avocat Denis Langlois, et appelé un serrurier à la rescousse, il pénètre dans les locaux à 17 heures. Il en ressort quatre heures plus tard, avec cinq cartons de documents.

Dès sa sortie, le substitut de permanence ce dimanche-là à Paris, Isabelle Paulat, qui s'impatiente depuis plus d'une heure, lui signifie son dessaisissement. A la Chancellerie, c'est l'affolement. Henri Nallet dénonce cette « équipée sauvage ». Son ministre

---

1. L'ordonnance de dessaisissement signée de la présidente du tribunal de grande instance du Mans, Marie-Hélène Tric, était rédigée à la main. Mais surtout elle ne mentionnait pas l'heure de dessaisissement du juge. Ce qui prouve que cette procédure a été faite en toute précipitation.

délégué, Georges Kiejman, lui, n'hésite pas à parler de « cambriolage judiciaire ». Des propos qui ont pour effet immédiat de provoquer une riposte de l'opposition.

L'amnistie de Christian Nucci en 1990, l'affaire Gaudino et maintenant Urba : c'est trop. Le 9 avril, les groupes UDF et RPR de l'Assemblée nationale déposent une motion de censure contre le gouvernement. Mais les socialistes font bloc et elle est rejetée. C'est maintenant au tour d'Henri Nallet de contre-attaquer. Nallet qui n'hésite pas à demander à la cour d'appel d'Angers l'annulation de la procédure du juge Jean-Pierre. Mal lui en prend. Le 19 avril, la chambre d'accusation présidée par Jean Gouyette rend son arrêt et inflige un premier camouflet au garde des Sceaux et à son ministre délégué. La chambre confirme le dessaisissement du magistrat manceau, mais elle refuse d'annuler sa procédure [1]. Le deuxième camouflet viendra de la plus haute instance judiciaire du pays, la Cour de cassation, qui confirmera bientôt le bien-fondé de l'arrêt de la chambre d'accusation d'Angers.

Les passions apaisées, l'affaire se fera oublier pendant quelque temps. En juin, compte tenu de la mise en cause de deux élus du Mans, Pierre Villa et Jean-Claude Boulard, le dossier est confié au président de la chambre d'accusation de Rennes, Robert Cornu. C'est

1. La chambre d'accusation de la cour d'appel d'Angers ne s'est pas prononcée sur la régularité de la fameuse perquisition du 7 avril. Et pour cause : elle n'en avait pas été saisie.

l'été et le magistrat, qui doit partir à la retraite avant la fin de l'année, n'est pas pressé de fourrer son nez dans ce dossier piégé. Pendant encore quelques mois l'avatar sarthois de l'affaire Urba ne fera pas de vagues. Mais, on le sait, c'était le calme avant une nouvelle tempête.

Chapitre 2

Un pianiste au prétoire

« La justice fait le siège du PS », « Un juge prend d'assaut la rue de Solférino », « Gueule de bois au PS », « La vis sans fin de l'affaire Urba ». Mercredi 15 janvier 1992, alors que le PS prépare sa riposte à l'affront qu'il a subi la veille, la presse, mise en émoi par ce rebondissement imprévu du feuilleton Urba, s'en donne à cœur joie. Mais, si l'on comprend à peu près le pourquoi et le comment de la chose, on s'interroge encore sur ce magistrat qui a osé porter le glaive au cœur de la rose.

Ce juge au nom de coureur cycliste flamand, qui relance l'affaire Urba à grand fracas mais qui fuit les caméras, qui est-il ? C'est l'un des 550 juges d'instruction de France, il vient de Rennes, son look est plutôt sévère et il ne manque pas de culot. Mais encore ? S'agit-il, comme Thierry Jean-Pierre, d'un déçu de la gauche ? D'un nostalgique de la droite ? Ou encore d'un de ces « petits juges » à l'italienne qui sortent périodiquement du rang pour défier les puissants ? Entre clameurs et rumeurs commence à émerger Renaud Van

Ruymbeke. On s'aperçoit surtout que cet homme de quarante ans, conseiller à la chambre d'accusation de la cour d'appel de Rennes, n'est pas inconnu des médias. Bien avant d'hériter du brûlot Urba et de faire trembler la gauche, il a tourmenté la droite. Hasard des dossiers ou zèle de « justicier », c'est la deuxième fois que ce Parisien devenu provincial croise les politiciens sur son chemin ; le chemin de la loi. Parfois aussi celui de la tragédie.

Renaud Van Ruymbeke a vingt-sept ans et à peine deux années de terrain derrière lui, lorsqu'il se voit confier en 1979 l'instruction d'une affaire de spéculation immobilière sur la Côte d'Azur. Le jeune magistrat découvre vite que le ministre du Travail, Robert Boulin, maire de Libourne et gaulliste de toujours, a acheté à un promoteur nommé Henri Tournet un terrain pour un prix intéressant, dans le Var à Ramatuelle. Il découvre aussi que Boulin est intervenu pour que Tournet obtienne un prêt du Crédit Agricole pour la construction d'un centre de loisirs à Saint-Amand, dans le Nord.

Le 11 juin 1979, Van Ruymbeke inculpe Tournet et le place sous mandat de dépôt. L'affaire sent de plus en plus le soufre. L'étau se resserre autour du ministre. Jusqu'à ce que, le 29 octobre 1979, Robert Boulin — largement mis en cause dans la presse — se suicide dans un étang de la forêt de Rambouillet. Mais par-delà la mort, le ministre du Travail se venge. Dans une lettre testament, il s'en prend à Alain Peyrefitte, alors garde des Sceaux, et à Renaud Van Ruymbeke, « un juge ambitieux, haineux envers la société, aveuglé par la passion de faire un carton sur un ministre ». Terrible imprécation. Qui empoisonne un peu plus le pays, déjà secoué depuis une quinzaine de jours par l'affaire des diamants de Giscard, révélée par *Le Canard enchaîné*.

Passé la stupeur occasionnée par le suicide de Boulin, c'est la curée. La droite accuse implicitement le jeune magistrat d'avoir fourni des informations à la presse. Cette dernière à son tour est montrée du doigt, soupçonnée d'être à l'origine du drame. Le président de la République lui-même, Valéry Giscard d'Estaing, n'hésite pas à affirmer que Robert Boulin « n'avait pas pu résister à la campagne harcelante dont il avait été l'objet ». Le président de l'Assemblée nationale, Jacques Chaban-Delmas, en rajoute : « L'assassin de Robert Boulin est celui qui a communiqué le dossier, car c'est celui-là qui avait sûrement l'intention de nuire, de détruire. » Allusion à peine déguisée à une violation du secret de l'instruction.

La gauche, elle aussi, monte au créneau. Mais c'est pour manifester son désaccord absolu avec ces points de vue. Le mercredi 7 novembre 1979, du haut de la tribune de l'Assemblée nationale où le suicide de Boulin est évoqué, un jeune député socialiste plein d'avenir, s'adressant au gouvernement et aux députés gaullistes, déclare : « Nous savons que les journalistes honnêtes sont incommodes. Cela vous gêne ? C'est le prix de la démocratie dans le respect nécessaire des règles de la profession. D'où notre seconde question : après avoir été si prompts à mettre en cause la presse, et de façon erronée, allez-vous faire justice de ces fausses accusations ? »... Et le député de poursuivre : « Cette “ affaire ”, puisqu'on lui a donné ce nom, survient malheureusement avec et après beaucoup d'autres. Elles ont conduit l'opinion internationale à parler de la France des scandales. (...) Alors que les hommes au pouvoir doivent être irréprochables et en particulier transparents dans leur situation matérielle, alors que tout abus lié à l'exercice d'une fonction publique doit être dénoncé et sanctionné, voilà que les plus hauts responsables de l'Etat ont été mis en cause de façon précise et argumentée sans qu'à aucun moment des réponses convaincantes aient été apportées. »

L'auteur de ce terrible constat ? Laurent Fabius lui-même. Quelques années plus tard, son parti allait être, lui aussi, aspiré par le tourbillon des affaires... révélées elles aussi par des journalistes. Mais là, aucune voix socialiste ne s'élèvera pour louer les « journalistes incommodes »... Et quand, en 1992, un certain Renaud Van Ruymbeke met au jour l'affaire Urba-SAGES [1], ce sera un tollé à gauche contre le magistrat. Cruel retournement ! C'est la droite, cette fois, qui viendra à son secours !

En ce début novembre 1979, Van Ruymbeke, qui a été bouleversé par la mort de Boulin, assiste, impuis-

1. Les mêmes élus apparaissant dans les deux affaires, la justice va traiter celles-ci dans un seul dossier.

sant, à ce grand déballage. Il ne peut rien dire. Secret de l'instruction oblige. Heureusement, il trouve quelque réconfort du côté de ses collègues du tribunal de Caen. Unanimes, ces derniers manifestent « leur entier soutien à l'égard d'un collègue dont ils ont pu apprécier les qualités morales et professionnelles ». Le procureur de la République, Jean Touzet, apporte lui aussi son soutien au jeune magistrat : « Il s'agit d'une affaire extrêmement compliquée dans laquelle le juge d'instruction a eu un énorme travail qu'il a mené avec beaucoup d'ordre, beaucoup de méthode, beaucoup de logique, et surtout d'objectivité. »

Pourtant le 6 décembre 1979, le président Giscard d'Estaing demandera au Conseil supérieur de la magistrature de vérifier « si une atteinte quelconque avait été portée, de manière directe ou indirecte, à l'indépendance du juge ». Trois mois plus tard, le 13 mars 1980, le CSM blanchissait totalement le magistrat. Soulignant dans ses conclusions « qu'aucune tentative n'a été commise pour modifier le cours de l'information ou influencer sur la liberté de jugement du magistrat ». Un jugement sans appel. Mais le magistrat gardera de cette épreuve une solide méfiance à l'égard des hommes politiques et des journalistes.

Après avoir bouclé le dossier Tournet-Boulin, Van Ruymbeke, soucieux de prendre un peu l'air, abandonne ses fonctions d'instruction pour celle de substitut, toujours à Caen. A cette occasion, c'est lui qui enquête sur le vol de l'« écu carambole », commis par la sous-directrice de la Monnaie, Françoise Verne.

Ayant vite le sentiment que, dans cette histoire, on se hâte bien lentement en haut lieu, il préfère carrément changer de fonction. C'est ainsi qu'en 1985 il devient maître de conférences à l'Ecole nationale de la magistrature, à Bordeaux, où il est chargé d'enseigner les subtilités de la procédure aux aspirants magistrats. Une tâche qui lui permet de devenir un spécialiste reconnu de la question. Ce qui rendra plus tard extrêmement difficile pour ses adversaires de le prendre en défaut sur ce terrain-là. Il a d'ailleurs écrit, en collaboration avec quatre autres magistrats, *Le Mémento de l'instruction,* publié par l'Ecole nationale de la magistrature. La bible en la matière. Il est aussi l'auteur d'un livre intitulé *Le Juge d'instruction*, dans la collection « Que sais-je ? ».

En 1988, après trois années passées à Bordeaux, Van Ruymbeke est nommé à la cour d'appel de Rennes. Pour le reste, on apprendra au fil des mois que cet homme, discret jusqu'à l'effacement, est fils de haut fonctionnaire ; qu'il a failli devenir pianiste professionnel ; qu'il habite la campagne. Le conseiller a des goûts simples : nature, vélo, football. Il n'est d'aucun syndicat, d'aucune ligue, d'aucun parti. Ni mondain ni carriériste, il privilégie surtout la vie de famille. Son physique lui a parfois valu d'être présenté comme un homme rigide et froid. Certains, qui ont eu maille à partir avec lui, le voient ainsi. Mais pas tous. Ceux qui connaissent l'homme le disent chaleureux et décontracté. Mais aussi discret et gros bosseur.

C'est surtout un homme qui a une haute idée du

service public, de la justice et de son indépendance. Dans l'introduction de son Que sais-je ?, il écrit : « véritable Janus du monde judiciaire, le juge d'instruction présente un double visage. (...) S'il dispose de pouvoirs préjudiciables aux libertés, il représente, par son existence même, une garantie fondamentale en tant que magistrat dont l'indépendance à l'égard du pouvoir exécutif est assurée par la Constitution. » Une définition qui pourrait passer pour une profession de foi. Pour l'un de ses collègues, Van Ruymbeke c'est d'abord « un magistrat guidé par sa seule conscience morale, avec pour seule arme les codes de procédure ». Mais, dans ses mains, quelle arme !

Tout cela, on ne le sait pas encore très bien ce mercredi matin. Ce qui n'empêche pas, d'emblée, une interprétation toute politique de la perquisition. Le communiqué de la veille au soir, pris dans le feu de l'action, se bornait à manifester l'étonnement du PS. Mais aujourd'hui, les « éléphants » du parti vont hausser le ton. Dans la matinée, le bureau exécutif se réunit pour la première fois autour de Laurent Fabius pour faire le point. Les barons du parti arrivent, les uns après les autres. Ils ont la mine sombre. Sur leurs talons, un invité imprévu dont ils se seraient bien passé : Gérard Monate, l'ancien patron d'Urba, vient aux nouvelles. Il est la mauvaise conscience de tous ces dignitaires. C'est pour cela qu'ils lui battent froid. Pourtant, après les avoir tous financés pendant près de dix ans, il n'en finit pas, si on peut dire, de payer pour eux.

Les hommes qui se réunissent ce matin-là à huis clos sont encore sous le choc. Partagés entre la colère et l'accablement, certains sont résignés, d'autres prêts à en découdre avec la justice. Au-delà de leurs querelles et de leurs clivages, ils se sentent — une fois n'est pas coutume — unis par ce coup du sort. Même s'ils ne sont pas tous touchés au même degré. Les plus visés dans cette affaire sont d'une part le trésorier du parti, Henri Emmanuelli, de l'autre les rocardiens. Fabius et son courant sont moins directement concernés. Le nouveau « patron » du PS pourrait en profiter pour régler de vieux comptes avec les adversaires que sont, précisément, Emmanuelli et les rocardiens. D'autant plus que ces derniers ont toujours exaspéré bien des camarades au nom de la vertu. D'un autre côté, Fabius tient l'occasion rêvée de marquer son entrée à la tête du parti d'un geste spectaculaire. Un geste qui ne serait pas pour déplaire à l'Elysée où Emmanuelli est très apprécié. Justement, le trésorier plaide pour une stratégie plus volontaire du PS face aux affaires. Jean-Claude Boulard, un rocardien de la Sarthe, qui se trouve impliqué dans le dossier SAGES, souhaite lui aussi une réaction « collective et rigoureuse ». Difficile pour Fabius de dire non.

Avant même que chacun ait pris position, la cause est entendue. Face au juge, le Parti socialiste choisit la ligne dure ; celle de la confrontation et de la véhémence. Comme s'il refusait d'emblée de jouer le jeu selon les règles établies, dans le respect de la démocratie et de l'Etat de droit. La démarche du juge est suspecte *a priori* et récusée. Comme s'il s'était rendu coupable d'une ingérence politique intolérable. Comme si le PS et ses élus, placés au-dessus des lois par la vertu de leur mandat populaire, n'avaient pas de comptes à rendre à la justice. C'est là le point de départ d'une nouvelle guérilla politico-judiciaire qui va durer pendant des mois, aggravant un contentieux déjà bien lourd entre le pouvoir et la magistrature.

« Action politique », « volonté de salir », « acharnement », « harcèlement », à l'issue de la réunion, le porte-parole, Jean-Jack Queyranne, donne le ton. A l'entendre, la perquisition de la veille a tout du *casus belli*. Le PS sonne la charge sans faire dans la nuance. Pour lui, le doute n'est pas permis : que la perquisition ait eu lieu le jour de l'intronisation de Laurent Fabius atteste, à l'évidence, de son caractère politique et prémédité. Là-dessus le bureau exécutif n'a pas l'ombre d'un doute. Il n'a pas d'explication à cette coïncidence, mais il est certain qu'elle n'est pas fortuite, que « les Français ne sont pas dupes ». Chacun sait qu'avant 1990 tous les partis ont pataugé dans la « jungle financière » qui prospérait dans tout le pays. Or, aujourd'hui, les juges ne pourchassent que les socialistes. Dans la balance de la justice, leurs péchés pèsent plus lourd que ceux des autres. Le parti pris est clair. Personne n'est dupe : c'est un complot dont le PS est la victime. Jean Le Garrec, député du Nord, trouve cela « terriblement injuste ». Pierre Mauroy prophétise : « Les gens vont se rendre compte que trop, c'est trop », une remarque à double tranchant. A la sortie de la réunion, certains y vont de leur indignation, comme Claude Estier, président du groupe socialiste au Sénat. D'autres, à l'instar de Jean Auroux, son homologue à l'Assemblée nationale, préfèrent se taire. Le fabiusien Claude Bartolone s'efforce à l'ironie (« il y a peut-être des gens qui en veulent au PS »). Quant à Jack Lang, il sera bien, ce jour-là, le seul à se « réjouir » de la perquisition qu'il considère comme une « preuve éclatante » de l'indépendance de la justice en France.

Pour montrer qu'ils ne se paient pas de mots, les participants ont enterré les haches de guerre et formé le cercle autour de leur trésorier. Sur proposition de Laurent Fabius, le bureau a confirmé, comme un seul homme, son choix d'Henri Emmanuelli pour succéder à... Laurent Fabius au poste prestigieux de président de l'Assemblée nationale. Une manifestation de solidarité inévitable en pareille circonstance. Mais aussi un geste de défi, un bras d'honneur collectif au conseiller Van Ruymbeke. Le choix n'est pas sans danger. Il n'est pas non plus sans rappeler la nomination d'Henri Nallet, à qui la justice voulait demander des comptes sur son rôle dans la campagne présidentielle de 1988, au poste de garde des Sceaux. Face au représentant de la loi, le trésorier du PS pèsera bientôt du poids du quatrième personnage de l'Etat. Lourd de prestige et de privilèges. Pour le trésorier, ex-secrétaire d'Etat au Budget et ex-banquier, la présidence de l'Assemblée nationale est un « perchoir en or ». Haut placé. Mais pas forcément hors d'atteinte.

La réaction du PS, qui hausse le ton, contraste

singulièrement avec le silence de la Chancellerie. A moins d'un an d'écart, sur le même dossier et dans des circonstances analogues, c'est le jour et la nuit. En avril 1991, le tandem Nallet-Kiejman était tombé à bras raccourcis sur le juge Jean-Pierre. Aujourd'hui, pas un cri, pas un commentaire place Vendôme. A croire que le ministre avait changé ! Mais Henri Nallet était toujours là. Bientôt, il présenterait ce silence comme un gage de non-ingérence du pouvoir dans les affaires de la justice.

C'est une explication. Mais il y en a surtout une autre : l'impact déplorable aux yeux de l'opinion et chez les magistrats du dessaisissement du juge Jean-Pierre. Le PS a payé assez cher les erreurs de la Chancellerie. Pas question de recommencer ! Et puis, à un an des élections, le gouvernement d'Edith Cresson n'est pas à ce point populaire qu'on puisse l'entraîner dans les turbulences d'une nouvelle affaire. Ces considérations suffiraient à justifier des consignes de discrétion. Elles ne sont pas les seules. La dichotomie PS-Chancellerie est révélatrice de maux plus profonds.

Trois ans après les premiers développements d'Urba, le traitement politique et judiciaire des affaires coûte cher aux socialistes. Prisonniers d'engrenages qu'ils ont contribué à lancer, ils se trouvent, malgré la puissance que donne le pouvoir, dans un rapport de forces profondément altéré vis-à-vis du monde judiciaire et de l'opinion. Le cas du conseiller Van Ruymbeke est à cet égard exemplaire.

La position du magistrat rennais paraît, à première

vue, similaire à celle du juge Jean-Pierre, un an plus tôt. Elle est pourtant différente. Jean-Pierre, qui s'était aventuré à la limite de ses possibilités, travaillait sur la corde raide et sans filet. Renaud Van Ruymbeke, lui, s'appuie sur un cadre légal en béton. Sa procédure — celle initiée par Jean-Pierre — a été validée à deux reprises par la Cour de cassation. Ce qui lui permettra de résister victorieusement à plusieurs tentatives d'annulation. Mais, surtout, on l'oublie trop souvent, Van Ruymbeke, contrairement à un juge d'instruction classique — près un tribunal de grande instance —, n'est pas seul lorsqu'il mène ses investigations. Désigné pour être, en quelque sorte, le bras exécutif de la chambre d'accusation, il est épaulé par les deux autres membres de cette institution, Xavier Beuzit et le président Dominique Bailhache. L'avantage de cette collégialité est considérable : au moment de prendre des décisions importantes, les trois magistrats se consultent, discutent, pèsent le pour et le contre de telle ou telle décision (mise en examen, audition d'une personnalité, perquisition, etc.). Ce qui leur permet de déjouer bien des pièges et d'éviter des faux pas dans la conduite de la procédure.

De plus, Van Ruymbeke a la chance de pouvoir compter sur un président de chambre qui n'a pas froid aux yeux : pris en otage par un gangster [1], le 22 décem-

1. Alors qu'il jugeait deux truands accusés de hold-up, le président Bailhache fut pris en otage par un troisième homme. C'est le début d'un suspens qui va durer trente-quatre heures. Les

bre 1985, alors qu'il présidait la cour d'assises de Nantes, Dominique Bailhache avait fait preuve d'un grand courage. C'est un homme pour qui l'indépendance de la justice par rapport au pouvoir politique n'est pas un vain mot ; il en apportera la preuve en soutenant fermement son conseiller aux pires moments. Face au pouvoir, cette collégialité constituera pour Van Ruymbeke un atout capital qui contraste avec la faiblesse des socialistes sur le terrain du droit. D'où leurs contre-attaques sur d'autres terrains : ceux de la politique, de la polémique et des médias, plus propices à leurs arguments.

Depuis des années, les socialistes ont accumulé des frustrations qui sont à la mesure de l'injustice qu'ils ont l'impression de subir. Alors que tous les partis ont eu, dans le passé, recours aux financements illégaux, pourquoi sont-ils pratiquement les seuls à en faire encore les frais ? A se voir demander des comptes à tout bout de champ ? A rester englués dans le soupçon, menacés d'inculpation, du déshonneur, de la prison ? Au pays de l'égalité, il y a là un déséquilibre qui a de quoi choquer. Mais peut-on le mettre au compte d'un acharnement partisan de la justice ? Par déformation politique, corporatiste, historique, les magistrats fran-

gangsters convoquent les journalistes de la télévision pour qu'ils retransmettent les événements. Enchaîné par des menottes à l'un des gangsters, Dominique Bailhache, grâce à son sang-froid et sa force de persuasion, obtiendra des preneurs d'otage qu'ils se rendent à la police.

çais ne regarderaient-ils que sur leur gauche ? Leur glaive serait-il émoussé côté droit ? Hélas pour eux, les socialistes savent bien que ce n'est pas si simple.

L'histoire du déséquilibre pénal gauche-droite est facile à résumer : la droite s'y prend mieux. Là où les conservateurs jouent la carte individuelle, la générosité patronale, les agences de publicité, l'immobilier et l'argent liquide, le PS s'est appuyé sur Urba. « Un système très rigoureux bâti sur le modèle administratif français, à la fois jacobin, centralisé et soumis à des contrôles », remarquait Henri Nallet. Un système où, par définition, « quand on mettait la main sur une partie du système, on trouvait tout le système ». C'est l'histoire du fil qui dépasse de la chaussette. On tire, tout vient. Ce centralisme démocratique appliqué au racket politico-financier avait pour avantage de ratisser large et de bien contrôler les dépenses. Mais pour inconvénient de mettre tous ses affiliés en danger en cas de curiosité judiciaire. Il était aussi plus facile à repérer : la bureaucratie paperassière d'Urba laissait plus de traces qu'une valise de billets.

L'épreuve judiciaire a confirmé les différences. A droite, les circuits de financement mis au jour : celui du député UDF-PR Jacques Farran à Perpignan, celui du député-maire de Lyon, Michel Noir, celui du maire RPR de Toul Jacques Gossot ou encore celui de Jacques Médecin à Nice sont restés localisés. Certains constituent en eux-mêmes de vrais systèmes. C'est ainsi qu'on a pu parler du « système Médecin ». Mais au contraire d'Urba, aucun n'avait permis à la justice d'aller jusqu'au cœur d'un parti de droite. Du moins, pas jusqu'à une époque récente. Il semble aujourd'hui, pour la première fois, que l'un des dossiers du juge Van Ruymbeke permette de remonter aux instances dirigeantes du Parti républicain. C'est ce que nous verrons plus loin (chap. 10, p. 205).

Déjà piégés, plusieurs fois, par le système Urba, les socialistes croyaient en être sortis lorsque Van Ruymbeke a remis ça. Un vrai coup de grâce ! D'autant plus insupportable que leur système était, selon eux, le moins malhonnête de tous : il répondait à un souci de « moralisation » en évitant les dérapages du type enrichissement personnel. C'est ce sentiment d'injustice et ces frustrations qui font exploser François Mitterrand, dix jours après la perquisition. « L'argent, toujours l'argent. Les affaires encore les affaires. Il y a une colossale hypocrisie, un énorme mensonge ! Le Parti socialiste est le plus honnête de tous les partis. Le moins malin, par beaucoup d'aspects, mais le plus honnête ! » Malins ou pas, les socialistes sont une nouvelle fois pris à leur propre piège. Quant au conseiller Van Ruymbeke, il fait dans cette affaire ce qu'on attend de lui dans un Etat de droit : il recherche la vérité. Que les autres partis aient aussi péché n'a pas à influencer son jugement. Le souci d'équité politique en matière de financement n'est pas son affaire, mais celle du législateur. C'est d'ailleurs pour cela que deux lois d'amnistie ont été votées. Est-ce la faute des magistrats si elles n'ont pas suffi ? Les socialistes ne peuvent quand même pas attendre de Van Ruymbeke qu'il se prête à une gestion politique de ses dossiers, qu'il quitte le terrain du droit, pour les placer au-dessus des lois...

Le PS sait tout cela. Avant 1981, il utilisait les mêmes arguments... contre la droite. Aujourd'hui, il est d'autant plus gêné qu'il récolte ce qu'il a semé. Lorsqu'il était dans l'opposition, c'est lui qui dénonçait le pouvoir immoral de l'argent, qui prônait la vertu républicaine, qui poussait les magistrats à traquer la corruption, par définition, de droite. François Mitterrand était alors le premier à stigmatiser les « partis de l'argent », « l'argent roi » et « le milliard du patronat ». Et dans ses fameuses 110 propositions on trouvait cette forte affirmation : « La justice sera appelée à faire toute la lumière sur les affaires dans lesquelles ont été mises en cause des personnes publiques. »

De 1988 à 1992, pour sortir du piège dans lequel Van Ruymbeke menace à nouveau de les précipiter, les socialistes ont eu recours à deux expédients. Le premier auquel tous leurs prédécesseurs ont eu largement recours a consisté à tenir l'appareil judiciaire d'une main ferme pour empêcher l'ouverture d'information dans certaines affaires, pour étouffer certains dossiers. Cela n'a pas suffi — pas plus que par le passé — à empêcher les scandales de remonter à la surface et d'empoisonner l'atmosphère. Du coup, on a eu recours au second expédient, arme absolue ou supposée telle : l'amnistie. A deux reprises : le 20 juillet 1988, après la réélection du président Mitterrand, et le 15 janvier 1990, sous le gouvernement Rocard. Sous couvert de nouvelles lois réglementant le financement des partis politiques on passait l'éponge sur les délits politico-financiers des élus, de gauche et de droite, dans tout le pays. Des centaines de maires et d'adjoints furent ainsi blanchis, du jour au lendemain. Dans le même temps, une quantité de dossiers et un travail judiciaire considérable passaient à la trappe.

Ces lois de circonstance, votées sous la pression des scandales, ont énormément choqué. Surtout la deuxième, taillée sur mesure pour limiter les dégâts d'Urba et aussi pour amnistier l'ancien ministre de la Coopération, Christian Nucci. De là date une cassure profonde entre les socialistes et l'opinion. Cet « auto-blanchissement », selon l'expression du juge d'instruction de Nancy, Gilbert Thiel[1], cette trahison de l'idéal de justice auquel beaucoup voulaient encore croire ont ruiné le crédit du prétendu « parti de la vertu ». La noria des *mea culpa* et les promesses de ne plus jamais recommencer n'y ont rien changé.

Pour tout arranger, ce forfait, qui devait être la panacée, s'est retourné contre ses auteurs. En effet, la loi du 15 janvier 1990, plus restrictive qu'on ne le croit généralement, exclut de son champ d'application ce tiercé de choix que sont le délit d'ingérence, le trafic d'influence et la corruption. De quoi permettre aux magistrats de replonger, le cas échéant, dans le passé

1. Aujourd'hui substitut général près la cour d'appel de Metz. Gilbert Thiel a instruit l'affaire Gossot, du nom du maire RPR de Toul.

de tel ou tel élu. Perspective redoutable. Répliquant à ceux qui assimilaient purement et simplement la nouvelle loi à un « autoblanchissement », Michel Rocard avait dit, au contraire « ça va faire mal ! » Il n'imaginait pas à quel point.

Certains magistrats, parfois animés par un esprit de revanche, ont profité de cette législation mi-chair, mi-poisson pour relancer des affaires qui leur avaient échappé. Puisque les politiques se mêlaient de justice, eux allaient s'occuper des politiques. Un vrai cauchemar. Pour les responsables socialistes qui découvraient, avec effarement mais un peu tard, toute l'ambiguïté de la nouvelle loi. Pour conjurer ce nouveau danger, le pouvoir allait s'efforcer, encore une fois, d'imposer sa loi — celle du plus fort et du silence — à la Loi. Une tentative illusoire qui ne fera qu'aggraver son cas.

Début 1992, le pouvoir dans sa gestion des affaires perd sur tous les tableaux. Voilà des années que les socialistes parlent d'indépendance de la justice et de transparence, qu'on instruit des affaires, qu'on vote des lois. Et, au bout du compte, quoi ? Christian Nucci s'en est sorti, Jean-Michel Boucheron a eu droit à un sursis de près de deux ans avant de voir son immunité parlementaire levée et de choisir la fuite en Argentine [1]. Les

---

1. Le pouvoir aura vraiment tout fait pour enterrer les « affaires » Boucheron. Outre leur saucissonnage en plusieurs dossiers, une note adressée par la Chancellerie au procureur de Bordeaux le 22 février 1991, le jour même où le député-maire d'Angoulême était inculpé de corruption, recel d'abus de biens

scandales se succèdent, les affairistes prospèrent sans vergogne à l'ombre du pouvoir alors que des juges et des policiers sont publiquement sanctionnés pour avoir fait leur devoir. Qu'un seul magistrat, un seul journal, faisant tout bonnement son travail, s'en prenne aux socialistes et les voilà qui crient au complot, à la Fronde, à la République des juges. Progressivement le PS prend des allures de citadelle assiégée.

Compte tenu de ce contexte chargé, on peut s'étonner que les socialistes aient opté face à Van Ruymbeke pour une stratégie de confrontation, qui apparaît

---

sociaux et ingérence, est à cet égard éloquente. Evoquant un rapport d'enquête accablant du SRPJ de Bordeaux sur les circuits de financement frauduleux auxquels est mêlé Boucheron, le sous-directeur des Affaires criminelles du ministère, Marc Robert, écrit : « Compte tenu du nombre des collectivités concernées par les faits et de l'ampleur des vérifications à effectuer pour un résultat des plus incertains, il ne me semble pas opportun de poursuivre plus avant cette procédure. » Il demande donc que le dossier soit « classé sans suite ». C'est-à-dire, enterré. On comprend mieux l'acharnement du pouvoir lorsqu'on sait que Boucheron était, avec son partenaire Michel Gabaude, au cœur d'un système de racket similaire à ceux d'autres intermédiaires comme Michel Reyt ou René Trager. A ceci près que le système Boucheron-Gabaude opérait dans une région Charente-Aquitaine particulièrement chère au cœur de François Mitterrand. Le Président, dont Boucheron était l'un des protégés, est originaire de la région d'Angoulême. Quant à son fils Gilbert, il était, dans les années 80, député de Libourne. On apprendra, après le retour de la droite au pouvoir, que la demande d'extradition annoncée après la fuite de Boucheron en Argentine n'avait pas été activée par la Chancellerie. Quant à Michel Gabaude, il a eu plus de chance que Reyt et Trager. Arrêté en 1992, il ressortait de prison après quelques jours.

comme la politique du pire. Mais le PS est pris en tenaille, entre un passé qui n'a pas fini de le rattraper et un avenir qui lui fait peur. Ce matin, voulant rassurer ses troupes, Laurent Fabius a jugé qu'au firmament des affaires le passage de Van Ruymbeke représentait « la queue de la comète ». Belle métaphore. Mais, dans l'immédiat, ce qui fait peur au PS c'est le météorite SAGES, avec sa réputation sulfureuse.

Derrière le tir de barrage qui commence, ce jour-là, et qui ne cessera pas pendant des mois, il y a surtout cela. Car si Urba est, malgré tout, défendable, la SAGES l'est beaucoup moins. Or elle a fait les beaux jours de nombreux élus socialistes. A commencer par les rocardiens. C'est ça la deuxième « bombe » que Van Ruymbeke ramène de Paris.

Le porte-parole du Parti socialiste a d'ailleurs montré le bout de l'oreille dans la matinée. Le Parti socialiste, a dit Jean-Jack Queyranne, est bien décidé à se battre pour ses militants « qui ont travaillé pour le parti ». Par contre, il ne défendra pas « ceux qui ont pu avoir un enrichissement personnel ». C'était laisser entendre que certains socialistes avaient pu confondre poche personnelle et caisse électorale. C'était aussi admettre que ce juge qu'on accablait avait sans doute d'autres raisons de s'en prendre aux socialistes que la seule volonté politique de les persécuter. Des raisons bien embarrassantes.

La SAGES et son mystérieux PDG, Michel Reyt, c'est là que le bât blesse le PS. On comprendra mieux pourquoi, dans quelques jours, lorsque *Le Canard enchaîné* dévoilera le contenu d'un redressement fiscal saisi lors de la perquisition, boulevard Saint-Germain. Un document dans lequel apparaissent une dizaine de personnalités socialistes dont la SAGES a peu ou prou financé les campagnes électorales. Il y a là deux anciens ministres, Claude Evin et Jean-Michel Boucheron, ainsi que plusieurs députés et élus locaux. Mais aussi Michel Rocard et François Mitterrand, ce dernier pour une modeste facture de 1 776 francs. Il est aussi question d'un dossier « largesses personnelles », laissant apparaître des factures d'hôtellerie au nom de Jean-Yves Le Drian, secrétaire d'Etat à la Mer, et des travaux d'aménagement chez le sénateur Guy Penne, ancien conseiller du Président pour les Affaires africaines.

Signe des temps, alors que François Mitterrand, donnant libre cours à sa colère, prend la défense d'Urba, il écrase la SAGES — « ce petit groupe maçonnique », ce « petit groupe de copains » — de son mépris. Le redressement fiscal ? C'est « une affaire minable ». Quant à Jean-Yves Le Drian, il est victime de méthodes méprisables. Et, pour que les journalistes n'aient pas de doutes là-dessus, le Président leur raconte à sa façon la mésaventure du secrétaire d'Etat et maire de Lorient. « Un soir de 1988, Jean-Yves Le Drian, qui souffre d'asthme, apparaît mal en point dans la chambre mal climatisée dont il dispose dans les locaux de l'Assemblée nationale. Il reçoit la visite de Michel Reyt, qui lui propose de l'emmener à l'hôtel Sofitel le plus proche pour qu'il s'y repose. Le PDG de la

SAGES indique au député qu'il a ses entrées dans cet établissement. M. Le Drian s'est reposé. Sans savoir que c'est M. Reyt qui a payé la chambre et conservé dans sa propre comptabilité une facture qui surgit aujourd'hui, créant une ambiguïté sur le service rendu. »

Voilà la vérité... du Président ! L'histoire est édifiante et plaira aux journaux. Mais elle est inexacte. Le Drian ne souffre pas d'asthme et la SAGES a payé ses notes d'hôtels parisiens non pas une fois, à son insu, mais régulièrement pendant plus de deux ans avec son consentement et à 1 000 francs la nuit. Les deux hommes étaient amis et se voyaient régulièrement, à Paris ou à Lorient, pour parler affaires.

Mais tout cela, le conseiller Van Ruymbeke ne le sait pas encore et la moisson de documents qu'il a rapportée de la capitale est encore sous scellés. Au lendemain de son expédition, il s'est remis au travail à l'abri de la façade noble et austère du parlement de Bretagne, sans états d'âme apparents. Visiblement, l'effervescence parisienne le laisse froid. Il n'est pas homme à se payer de mots. Il fonce.

Dès 9 heures, il a rendu visite aux deux socialistes sarthois placés en garde à vue. Transférés à la cour d'appel, Pierre Villa, ancien adjoint au maire du Mans, et Jacques Jusforgues, secrétaire départemental du PS, ont été inculpés en fin de matinée de trafic d'influence et de faux et usage de faux, puis remis en liberté. Voilà pour Urba... Maintenant priorité à la SAGES.

Chapitre 3

Les amitiés du frère Michel

Le 24 février 1992, lorsqu'il est transféré à la salle Cusco de l'Hôtel-Dieu, souffrant d'une sciatique, menotté — alors qu'il se trouve sur une civière —, Michel Reyt ne comprend pas. Lui qui pendant près de trente ans a été un militant socialiste fidèle, dévoué à son parti, sûr, il ne comprend pas cette punition que lui inflige le conseiller Van Ruymbeke. Sans doute pense-t-il naïvement qu'il s'agit d'un mauvais rêve ; qu'il ne manque pas d'amis au pouvoir ; que dans quelques jours il aura retrouvé la liberté. Eh bien ! il se trompe lourdement. Dans quelques heures, l'homme d'affaires sera transféré à la maison d'arrêt de Rennes, où il restera sept mois. Jusqu'au 11 septembre 1992.

Sur son lit d'hôpital, Reyt ne comprend pas ou ne veut pas comprendre. Pourtant, il sent confusément qu'il est en train de tout perdre : pouvoir, influence, relations et, par la même occasion, sa fortune et son honneur. Ces derniers temps, tout allait mal et il pressentait le pire. Le 17 février, un mois après le passage de Van Ruymbeke, un autre juge, venu d'Angoulême cette fois, avait de nouveau perquisitionné dans son bureau. Histoire d'en apprendre un peu plus sur le rôle joué par la SAGES lors de la construction d'un établissement scolaire au nom bucolique, le CES Ma Campagne. Un souvenir du temps où Jean-Michel Boucheron, député-maire socialiste de la ville, et protégé de François Mitterrand, menait grand train tout en ruinant allègrement Angoulême[1].

Mais qui est donc Michel Reyt, ce sexagénaire à l'allure patricienne que la France a découvert, lors de son arrestation, menottes aux mains et une couverture sur la tête ? Et qu'a-t-il fait ce courtier de l'ombre, ce grand maître de l'argent noir que l'on dit influent chez les socialistes, les francs-maçons et les grands patrons ? Depuis sa perquisition du 14 janvier, Renaud Van Ruymbeke le soupçonne d'avoir incité des élus — essentiellement des maires socialistes — à passer des marchés avec des entreprises parrainées par lui. Et, en échange, d'avoir reçu de ces mêmes entreprises de substantielles commissions dont il rétrocédait une partie... aux élus en question. Une pratique qui tourne rond et qui peut rapporter gros ! Mais que la loi réprouve et pour laquelle le Code pénal a un nom : trafic d'influence.

---

1. La construction du CES Ma Campagne, dans laquelle la SAGES est intervenue, a donné lieu, avec la bénédiction de Jean-Michel Boucheron, à des commissions occultes. L'établissement a été payé 38 millions de francs alors que son coût réel aurait été de 26.

Né en 1925 en Auvergne, Reyt est le prototype du self-made-man. Dès 1937, alors qu'il n'a que douze ans, le petit Michel, qui vit à Paris, doit quitter le lycée Montaigne pour aider sa mère, veuve, qui gère seule le buffet de la gare Montparnasse. Les temps sont durs. Trois ans plus tard, c'est la guerre, puis l'Occupation. A quinze ans, Reyt choisit son camp : la Résistance. A la Libération, il fréquente les auberges de jeunesse, creuset pour toute une génération des idées socialisantes. Mais il lui faut gagner sa vie. Le buffet de la gare Montparnasse a été vendu ; Michel Reyt devient steward à Air France, en 1945. C'est là qu'il rencontre une hôtesse de l'air qui deviendra sa femme.

Au bout de trois ans, Reyt revient sur terre. Il quitte la compagnie nationale pour exercer divers métiers. Entre autres, patron d'une station-service, puis chef de vente chez un concessionnaire Renault. Des situations qui lui permettent de démontrer qu'il est un « commercial-né ». « J'étais, se souvient-il avec fierté, l'un des meilleurs chefs de vente dans toute la France. » Parallèlement, Reyt progresse, sur d'autres fronts. En politique, il a adhéré à la SFIO et fait partie des proches de Pierre Mauroy. Longtemps, il restera fidèle au courant du maire de Lille. Chez les francs-maçons, il prend rapidement du galon et comptera bientôt parmi les dignitaires du Grand Orient de France.

En 1969, Reyt change de carrière. Il est engagé par la SERETE, l'une des plus importantes sociétés d'ingénierie du pays avec pas moins de 600 employés. Sa mission ? Prospecter les collectivités locales et les sociétés privées pour aider les ingénieurs de l'entreprise à rencontrer les décideurs, avec l'espoir d'emporter des marchés. Son sens du contact, son savoir-faire et ses relations font rapidement merveille. Peut-être trop. En 1973, c'est le pépin. En raison de son engagement maçonnique (il est alors secrétaire aux affaires intérieures du Grand Orient), la direction de la SERETE préfère s'en séparer, tout en gardant avec lui des relations privilégiées. Reyt s'incline. Et comme il a du ressort et un carnet d'adresses bien rempli, il se met à son compte et redouble d'activité. D'un côté, il fonde la SAGES (Société Auxiliaire Générale d'Etudes et de Services). De l'autre, il développe ses activités maçonniques et politiques. Le tout marchant parfaitement ensemble.

En 1972, frère Reyt crée la loge maçonnique Victor-Schoelcher à L'Hay-les-Roses. Une loge éminemment politique, qui comptera parmi ses membres André Labarrère, maire socialiste de Pau et futur ministre chargé des Relations avec le Parlement ; André Rossinot, maire UDF-Radical de Nancy, qui lui succédera en 1986 sous la première cohabitation ; Alain Vivien, député PS de Seine-et-Marne, auteur d'un rapport resté célèbre sur les sectes ; Jacques Guyard, député-maire socialiste d'Evry, une municipalité avec laquelle Reyt a beaucoup travaillé. Et aussi, Jean-Pierre Soisson et Alain Devaquet. Le succès de l'entreprise est incontestable, puisque la loge aura jusqu'à 120 membres. « Beaucoup trop », pense le fondateur qui, en 1986, décide de monter une nouvelle loge. Elle verra le jour à

Rungis et comptera, entre autres célébrités, le PDG d'Air Inter Pierre Eelsen (rocardien) et le préfet Rouvière.

Au fil des années, grâce à son réseau tissé dans la franc-maçonnerie, Reyt devient un authentique homme d'influence. Avec les élections municipales de mars 1977, qui voient une poussée importante du Parti socialiste, son rôle d'intermédiaire grandit encore. Dans son bureau, le défilé est désormais permanent. Des députés socialistes et francs-maçons, des maires de toutes les régions, de nombreux hommes d'affaires viennent régulièrement déjeuner dans les locaux de la SAGES, installés rue de Constantine, à deux pas de l'Assemblée nationale. Pratique.

« J'organisais des réceptions tous les jours. Petit déjeuner, déjeuner, dîner. C'était mon métier », se souvient Reyt avec nostalgie. Il a, pour caractériser ses activités, des locutions anglo-saxonnes et latines, plus élégantes que le terme d'intermédiaire, qu'il n'apprécie guère. J'étais, dit-il, un « contact-man ». C'est pour cela que les entreprises recherchaient ses services. « Elles savaient que je pouvais obtenir des rendez-vous qu'elles-mêmes étaient incapables d'obtenir, explique Reyt, qui poursuit, avec sa faconde habituelle : j'étais comme un *missi dominici* qui invitait à sa table personnelle d'un côté ses amis maires et de l'autre ses amis chefs d'entreprise. Une fois que j'avais mis papa avec maman, qu'ils se débrouillent ! qu'ils fassent leurs affaires ! Ce n'était plus mon travail. »

Bref, à partir de la fin des années 70, grâce à un réseau d'amitiés tissé un peu partout : dans la région parisienne, en Auvergne, en Alsace, dans la Sarthe ou ailleurs, Reyt devient pour beaucoup un passage obligé. Il a en tête les noms, titres et numéros de téléphone des PDG de dizaines d'entreprises nationales. Sans oublier le numéro d'appel personnel de nombreux directeurs de cabinet. Il est à tu et à toi avec ceux qui comptent. Il connaît sur le bout des doigts les circuits, les montages et les courtiers financiers, en France et à l'étranger.

Une entreprise veut-elle obtenir un marché ? Elle appelle Reyt, le mécène. Un élu a besoin d'un coup de main ? Reyt répond présent. Trop heureux de dépanner. A charge de revanche. Un fonctionnaire lorgne-t-il une nouvelle affectation ? Il sollicite l'homme de la SAGES. Il est comme ça, le frère Reyt. Au four et au moulin, encore et toujours. On n'en finirait pas d'égrener la liste de ceux qui ont bénéficié de sa générosité comme le sénateur Guy Penne, ancien conseiller de l'Elysée pour les Affaires africaines, qui eut droit à la réfection de sa cuisine ; comme Jean-Yves Le Drian qui, on l'a vu, fit payer toutes ses notes d'hôtel, lors de ses séjours à Paris de 1988 à 1990 ; ou encore comme Guy Briantais, le maire de Courcouronnes (Essonne), bénéficiaire d'un voyage en Concorde aux Etats-Unis, avec femme et enfant, pour la modique somme de 150 000 francs. Quant à Gérard Besson, ancien premier secrétaire de la fédération socialiste de l'Yonne, il deviendra salarié de la SAGES après les élections municipales de mars 1989[1]. A charge pour lui d'ouvrir les portes de l'officine aux élus fabiusiens, de toute évidence abonnés ailleurs. Besson ne fut guère reconnaissant : profitant de ses relations, il créera son propre cabinet d'études. Quant aux fantassins de Fabius, ils n'ont jamais vraiment trouvé le chemin de la SAGES... Ce repaire de rocardiens.

Qui encore ? Jean Poperen, le député-maire de Meyzieu (Rhône), un ami de longue date, trouvera en Michel Reyt le mécène indispensable au financement de son hebdomadaire, *Vu de Gauche*. Un cadeau de 500 000 francs pour soutenir la presse en difficulté ! Jean-Claude Boulard, député (PS) de la Sarthe et président de la Communauté urbaine du Mans, qui verra la SAGES contribuer à sa campagne électorale à l'occasion de la construction de la gare du TGV de la ville. Jacques Floch, député-maire de Rezé, dont l'association « Maires, villes et banlieues de France » sera hébergée gratuitement par Michel Reyt. Toujours à l'ouest, Jean-Marc Ayrault, député-maire de Nantes, Jean-Pierre Sueur, député-maire d'Orléans, et André Pinçon, maire de Laval, toucheront eux aussi de beaux chèques à la loterie électorale de la SAGES. Et si, d'aventure, cette générosité récompense l'attribu-

1. Michel Reyt a également salarié des élus. Notamment Gérard Letailleur, maire de Petit-Couronne dans la banlieue de Rouen. L'objectif était clair : profiter de la présence d'un élu local pour obtenir des marchés dans l'agglomération rouennaise.

tion d'un marché, il n'y a vraiment pas là de quoi fouetter un chat.

Il est comme ça, Reyt, il aime rendre service à un ami, à l'épouse de l'ami, au cousin, au beau-frère... Il est tellement sollicité ! C'est ainsi qu'en 1984 il embauche la fille d'un de ses amis, Marie-Hélène de Jomaron. Cette jeune femme pleine de charme et d'ambition, interprète diplômée de langues orientales (russe), va s'investir à fond dans la SAGES. Contribuant largement au développement de l'entreprise auprès des élus rocardiens de la Sarthe, de Normandie et de l'Essonne.

Astucieuse, Marie-Hélène de Jomaron est vite rompue aux « affaires ». Aussi, quand éclate, en 1989, l'affaire des fausses factures de la SORMAE (qui révélera le rôle d'Urba dans la collecte de fonds pour le PS), elle comprend que la SAGES, par ses méthodes audacieuses de financement — c'est le moins que l'on puisse dire —, risque gros. Elle alerte son patron. Mais Reyt fait la sourde oreille. Ses méthodes ont fait leurs preuves et il ne veut rien savoir pour en changer. Se croit-il intouchable ? Peut-être. C'est souvent le cas, on le verra, pour les gens de son acabit.

Il est vrai qu'à la fin des années 80 Reyt est au faîte de sa puissance. Un coup d'œil sur son patrimoine l'atteste. Grâce aux SCI (Sociétés Civiles Immobilières) dont il est le gérant : Emeraude, Emérite, Emergence, il règne sur une petite fortune : deux appartements boulevard Saint-Germain, estimés ensemble à 24 millions de francs ; un autre, rue du

Cherche-Midi (3 millions de francs) ; un chalet à Sallanches (6 millions) ; une splendide villa à la pointe d'Arradon dans le golfe du Morbihan. Sans oublier un bateau et quelques dizaines de parkings à Vannes. Au total, un patrimoine estimé entre 40 et 50 millions de francs.

C'est dire que la SAGES tourne à plein régime. Avec une dizaine d'employés seulement, la maison mère et les deux sociétés satellites Aravis et Aurige ont réalisé un chiffre d'affaires de 30 millions de francs. Le secret d'une telle prospérité est simple. Alors qu'Urba, contrôlée par les grands courants, se borne à couvrir les dépenses électorales des candidats, la SAGES, au contraire, ristourne directement aux élus qui travaillent avec elle une partie des commissions perçues à l'occasion des marchés. Sans trop se soucier de leur utilisation. Michel Reyt sert de banquier et règle les factures. Une pratique souple et rentable à laquelle les intéressés peuvent difficilement rester insensibles. Finies les contraintes d'Urba ! Reste le revers de la médaille : les tentations et les dérapages. En clair, l'utilisation de l'argent à des fins qui n'ont rien à voir avec la politique et que l'on appelle enrichissement personnel.

Le système a fonctionné à plein pendant près de vingt ans. Jusqu'à ce jour de janvier 1992 où un magistrat aussi curieux que pugnace a estimé que ce petit jeu correspondait assez bien aux définitions que donne le Code pénal de la corruption et du trafic d'influence. Autrement dit, que Michel Reyt sollicitait et acceptait des fonds en vue de faciliter l'obtention de marchés publics.

« Tout cela est très subjectif, proteste l'intéressé. J'aimerais bien qu'on m'explique ce qu'est le trafic d'influence. Car tout le monde en fait, tous les jours, sans le savoir, comme M. Jourdain faisait de la prose. A commencer par les sociétés de lobbying. Si l'une d'entre elles cherche à influencer Bruxelles pour faire adopter des douilles qui ne soient pas à baïonnette mais à vis parce que la vis ce serait plus européen, est-ce que c'est du trafic d'influence ? Moi, c'est du lobbying que je faisais. Je présentais des entreprises à des maires pour qu'elles soient retenues à concourir. Je les présentais parce qu'elles avaient les qualités requises. Rien de plus. Sans contrepartie, sans promesses du maire. Mais M. Van Ruymbeke me dit que le lobbying n'existe pas en matière politique. »

Les cadeaux offerts aux maires ? Reyt là aussi met les choses au point : « Alors là, monsieur, ça va être très simple ! Je ne vois pas pourquoi la SAGES ne pourrait pas remercier un maire, quand il a conclu une affaire, en l'invitant quelque part. Quand M. Decaux, pour sa publicité, invite à Dakar des charters entiers de maires, on ne fait jamais de réflexion. J'aimerais qu'on soit clair, quand les industries pharmaceutiques emmènent des cargaisons entières de médecins au carnaval de Rio, sous prétexte de séminaire, on n'a jamais vu le fisc accuser ces médecins d'enrichissement personnel en leur demandant de réintégrer ces avantages. Même chose quand Renault Véhicules Industriels ou une autre société emmène deux cent cinquante élus en Israël. »

Sur sa lancée, le patron de la SAGES poursuit, sarcastique et faussement indigné : « Et les grandes sociétés nationales qui offrent des ciseaux d'une valeur de 3 000 francs à certains clients, c'est quoi ? Cadeau de fin d'année ou enrichissement personnel ? Jusqu'où ira-t-on ? Des policiers sont venus me demander des explications pour un repas de cinq couverts commandé chez un traiteur. Il y avait vingt petits fours — quatre par personne ! —, un plat et un dessert. On m'a demandé si tel maire avait bénéficié de ce repas. Si j'avais payé son voyage pour qu'il vienne manger chez moi. Mais où va-t-on si un maire ne peut plus se laisser inviter sans être accusé d'enrichissement personnel ? »

Lorsqu'il se décidera à répondre au conseiller Van Ruymbeke sur ces questions, Michel Reyt dira : « Je n'ai jamais considéré que c'était illégal, car cela se passait au niveau de tous les élus et même au plus haut niveau. D'ailleurs, j'ai été vérifié deux fois par l'administration fiscale, et deux fois, elle ne m'a rien reproché. » Mais il faudra plusieurs semaines pour en arriver là. Au début, chaque fois que le magistrat lui demande de s'expliquer sur ses relations avec les élus, les municipalités, les entreprises, en somme de lui décrire le système qu'il a mis au point, Reyt se mure dans le silence. Pas question de jouer les délateurs. Cette stratégie de rupture, inspirée par l'un de ses avocats, Me Charles Libman, ne donnera aucun résultat. Passionné, défenseur des droits de l'homme, Libman est convaincu que la chambre d'accusation va annuler la procédure... Alors, à quoi bon parler ?

Pourtant l'avocat se trompe. Non seulement, la chambre d'accusation n'annule pas la procédure, mais elle confirme, à deux reprises, le maintien en détention de son client. Du coup, c'est un autre avocat — de Rennes cette fois —, Philippe Billaud, pénaliste de talent fin, cultivé, et fils spirituel d'un maître du barreau, Albert Naud, qui succède à Libman[1]. Son approche est plus souple. Petit à petit, les relations se détendent entre Reyt et Van Ruymbeke. A tel point que, le 11 mai 1992, après deux mois et demi de mutisme, le patron de la SAGES lâche quelques confidences.

Il explique que pour faciliter son travail d'« assistance commerciale » devant permettre aux grandes entreprises nationales d'emporter les contrats, tout particulièrement dans le secteur du BTP (Bâtiment et Travaux Publics), la SAGES avait mis au point un système d'abonnements à l'année. Par exemple, la Société Auxiliaire d'Entreprises (SAE) lui réglait chaque mois 28 000 francs ; Dumez, 22 000 ; Colas, 10 000 ; la Lyonnaise des Eaux, 12 000 ; GEC-Alsthom, 10 000, etc. Une clientèle de choix ! « Je privilégiais toujours les entreprises abonnées », tient à préciser Michel Reyt qui ajoute, sur un ton réprobateur : « A l'inverse d'Urba, qui appuyait plusieurs entreprises auprès des mairies

1. Philippe Billaud sera quelques semaines plus tard rejoint par Me Lev Forster, avocat à la cour d'appel de Paris.

(pour optimiser ses chances de commissions !), la SAGES n'accordait son soutien qu'à une seule. »

Le juge, qui l'écoute, boit du petit-lait : son instruction va enfin progresser. Reyt, sur sa lancée, en vient au financement politique. Il reconnaît qu'il servait d'intermédiaire entre les chefs d'entreprise et les élus. Puis il consacre de longs développements à sa collaboratrice, Marie-Hélène de Jomaron, qui avait en charge les élus rocardiens. Une clientèle dont il affirme ne s'être jamais occupé personnellement. Pour terminer, Reyt lâche le nom d'un élu bénéficiaire de ses largesses : Raymond Douyère, député PS de la Sarthe, qui eut droit, à la demande de Jean Poperen, à un voyage à l'île de la Réunion.

Cette audition du 11 mai est capitale. Pour la première fois depuis son inculpation, en février, Reyt a accepté de s'expliquer. Rien de bien extraordinaire. Mais Van Ruymbeke sait que désormais la SAGES n'est plus *terra incognita*. Son audition terminée, Reyt retourne à la maison d'arrêt de Rennes où il tue le temps en jouant les bibliothécaires. Malgré le soutien de ses amis (il recevra 1 700 lettres, dont une seule d'un élu, Jean Poperen), malgré la visite de son fidèle compagnon l'ancien contrôleur général de la police, Serge Devos, il trouve le temps bien long. D'autant plus que sa santé, surtout sur le plan psychique, en a pris un coup. Pour se sortir de ce cauchemar, Reyt n'a pas trente-six solutions. Il n'en a qu'une : faciliter au maximum les investigations du conseiller Van Ruymbeke. Il vient de faire le premier pas. Il en fera d'autres, un mois plus tard, le 12 juin. Comme l'atteste son procès-verbal d'audition, il se montre même coopératif :

Le conseiller : « Que recouvre la facture de 300 000 francs, facture Carrel du 8 juin 1989 ? »

Michel Reyt : « Il s'agit d'un voyage aux USA commandé par Léon Fatous, maire d'Arras, au profit d'élus du Nord-Pas-de-Calais en contrepartie d'une facture de l'ordre de 600 000 francs encaissée par la SAGES ou Aravis pour un marché conclu par la Compagnie Générale de Chauffe avec M. Fatous, maire d'Arras. »

Le conseiller : « Qu'en est-il de la facture de 26 300 francs du 7 juin 1989, intitulée déplacement Antilles ? »

Michel Reyt : « Cela peut concerner deux agents commerciaux travaillant à la SAGES. »

Le conseiller : « Qu'en est-il de la facture de 21 535 francs du 7 juin 1989, intitulée déplacement en Tunisie ? »

Michel Reyt : « Je pense qu'il s'agit de la famille de Mme de Jomaron. »

Le conseiller : « Qu'en-est-il de la facture de 11 301 francs, en date du 20 juillet 1989, intitulée Le Bourget-Metz ? »

Michel Reyt : « Il s'agit vraisemblablement d'un avion que j'ai loué pour le compte d'élus. »

Et ainsi de suite. Reyt, sans sourciller, donne le nom de certains élus qu'il a aidés. En fin d'audition, il révèle même avoir financé son ami Jean Poperen. Comment ? Reyt s'explique. En 1987-88, ayant perçu des commissions à l'occasion de marchés passés avec la ville de

Nantes, dont Jean-Marc Ayrault est le maire, il en a reversé une partie — de 600 à 700 000 francs — au groupe du député-maire de Meyzieu. Il est vrai qu'avant de passer chez les rocardiens, le maire de Nantes était poperéniste...

Après avoir fait du sur place pendant des mois, l'instruction avance à grands pas. Et ce n'est pas fini : Reyt, entendu à plusieurs reprises, fin août et début septembre, lâche d'autres noms. Tous bénéficiaires des largesses de ses sociétés. Et tous socialistes. Celui du maire d'Ostwald (Bas-Rhin), André Fougerousse, qui a eu droit à des voyages en Tunisie et en Egypte. Celui de Jean-Claude Petit-Demange, maire adjoint de Strasbourg, ancien chef de cabinet de Michel Rocard à Matignon, qui s'est fait régler une location de voiture. Celui de Claude Germon, le député-maire de Massy pour des dépenses de traiteur. Celui de Jacques Guyard, le député-maire d'Evry qui a eu droit à un voyage à Managua (Nicaragua).

Germon et Guyard, tous deux amis de Michel Reyt, ont beaucoup fait travailler la SAGES. Cette dernière a récolté, de 1988 à 1991, la bagatelle de 13 millions de francs de commissions sur des marchés passés avec Massy, et 9,5 millions avec Evry. Existe-il une relation de cause à effet ? Ou, si l'on préfère, Germon et Guyard ont-ils reçu en retour des avantages personnels ? Reyt soutient que non, et Van Ruymbeke n'était pas parvenu, fin 1993, à prouver le contraire. Ses chances d'aboutir paraissent minces ; en effet, à la demande du maire de Massy, Reyt aurait fait disparaître toutes les pièces comptables compromettantes pour son ami. Ces documents qu'il conservait avec ceux de ses autres clients, dans une mallette dont il ne se séparait jamais, le patron de la SAGES les aurait brûlés en présence de Germon lui-même. Une vraie banque ambulante, avec comptes nominaux, mouvements de capitaux, débit, crédit, etc., serait ainsi partie en fumée. Telle est du moins la version officielle fournie par Reyt à Van Ruymbeke. La réalité est bien différente. Michel Reyt, par peur de représailles — certains de ses « amis » socialistes le menaçant de faire sauter sa maison d'Arradon et de kidnapper sa petite fille — avait lui-même détruit ce fichier. Une véritable bombe, puisqu'il comportait, sous forme de trois épais volumes, pas moins de 580 noms. Parmi ceux-ci des maires de grandes villes, des parlementaires et même un proche collaborateur du président de la République, qui aurait reçu 600 000 francs de Michel Reyt.

En septembre 1992, mis à part quelques zones d'ombre, Van Ruymbeke a bien cerné l'activité de la SAGES. Les risques de pression des élus sur son PDG sont devenus inexistants. Aussi, la chambre d'accusation de Rennes décide-t-elle, le 11 septembre, de remettre Michel Reyt en liberté. Le soir même, une coupe de champagne à la main, il fête sa libération dans le cabinet de son avocat, en compagnie de sa fille Evelyne, au cœur du vieux Rennes historique. Puis, à 22 heures, Reyt file vers le golfe du Morbihan et sa maison d'Arradon. Après six mois de prison il va se reposer, retrouver les siens et faire le point.

Chez lui, face à la mer, Michel Reyt retrouve une certaine sérénité, comme seuls peuvent en éprouver les détenus récemment libérés. Mais il sait que l'avenir n'est pas rose. D'abord, parce qu'à moins d'un coup de théâtre fort improbable il se retrouvera dans un an ou deux devant un tribunal correctionnel. Ensuite, parce que la mise en liquidation de la SAGES est inévitable et qu'il aura toutes les peines de monde à retrouver du travail. Reyt n'ignore pas, car c'est la loi du genre, qu'il est devenu un pestiféré dans son propre camp. Même s'il en a dit, somme toute, le moins possible. Car il n'a lâché du lest — des noms — que lorsque la situation était intenable. Reyt n'a pas oublié les propos tenus par François Mitterrand un mois avant son incarcération — il y pense même souvent. C'était le 25 janvier 1992. Devant quelques journalistes, le Président, parlant de la SAGES, avait lancé sur un ton méprisant : « C'est une petite affaire minable, c'est un petit groupe maçonnique, un petit groupe de copains. Reyt vivait de sa petite concussion. »

Visiblement, le Président n'a pas supporté de voir son nom accolé par la presse à celui de la SAGES, sous prétexte que celle-ci avait réglé une facture d'affiches de quelque 1 800 francs, au profit du candidat Mitterrand. Une broutille! mais elle avait beaucoup irrité l'hôte de l'Elysée, déjà éclaboussé par d'autres scandales.

En tout cas, le mépris du Président reste en travers de la gorge de Michel Reyt. Parce que François Mitterrand, il se souvient de l'avoir aidé, et pas seulement avec cette ridicule histoire d'affiches. En le faisant inviter, par exemple, au Grand Orient de France. Ou encore en appelant 40 000 francs-maçons à voter pour lui, en mai 1981. Alors l'amertume déborde. Lors d'un entretien qu'il nous a accordé le 28 janvier 1993, il lancera : « François Mitterrand ? Il m'a foutu dans la merde ! Etant donné qu'il a été reçu au Grand Orient plusieurs fois, qu'il venait en ami, qu'il était un ami de l'ancien Grand Maître Fred Zeller, je trouve surprenant qu'il ait traité les francs-maçons de copains et de coquins. »

Reyt en veut également au plus fidèle conseiller du Président, Michel Charasse. Pour lui, pas de doute : c'est parce qu'il voulait sa peau que l'ancien ministre du Budget lui a envoyé les polyvalents en novembre 1991. « Vous trouvez normal, alors que j'avais été contrôlé en 1988 sur les trois années précédentes, qu'on me renvoie les polyvalents trois ans plus tard ? Surtout quand la moyenne des contrôles, en France, est d'environ une fois tous les dix-sept ans ? » Et Reyt d'ajouter : « La Direction des contrôles fiscaux ne vient jamais bêtement, au hasard. Elle vient sur ordre de la Direction générale des impôts. Et le patron de cette Direction, c'était Charasse. C'est bien lui qui a combiné la manœuvre. »

Simple querelle d'Auvergnats ? Bien malin qui peut dire si le contentieux entre les deux hommes tient à ce contrôle ou s'il a des origines plus personnelles et plus secrètes. Ce qui est certain c'est qu'en décembre 1992, alors qu'il se remet à peine des épreuves infligées par

Van Ruymbeke, Michel Reyt écope d'un redressement fiscal meurtrier de 25 millions de francs qui le met au bord du dépôt de bilan. En moins d'un an, ainsi qu'il le pressentait lors de son arrestation, il a tout perdu, ou presque.

Voilà l'homme qui fait trembler le Parti socialiste, au lendemain des perquisitions du 14 janvier 1992. Plus encore qu'Urba. Et pourtant Reyt n'est peut-être pas le plus grand danger pour le PS. Un troisième imbroglio politico-financier, connu sous le nom d'« affaire Trager », promet d'être encore plus dévastateur. Hasard ou calcul ? Le dossier a, lui aussi, échoué dans les mains expertes du conseiller Van Ruymbeke.

Chapitre 4

Les embrouilles du gros René

Les inquiétudes de son avocat, le gros René prend le parti d'en rire. Qu'une méchante rumeur nantaise soit venue échouer à Paris, en ce début de mars 1991, il n'y a pas de quoi fouetter un chat. Des rumeurs, le TGV Atlantique en trimbale toute la journée, à trois cents kilomètres-heure ! A la sortie du bistrot où les deux hommes viennent d'avaler un petit déjeuner, il campe ses cent vingt kilos sur le macadam de l'avenue de l'Observatoire et fait front : « Maître, arrêtez de vous faire du mouron. Ce n'est pas la première fois. Ni la dernière. Mais ça passera. »

Avec ce mélange de franchise et de mystère qu'il affectionne, René Trager s'efforce de rassurer son avocat parisien, François Chéron, qui s'interroge. Jusqu'à présent, le dossier de cet industriel nantais, qui fait l'objet d'une enquête judiciaire pour une série de dépôts de bilan, était celui d'un client lambda. Des histoires de factures impayées et de droit des sociétés. La triste routine en ces temps de crise... A ceci près qu'il sait, depuis peu, que Trager s'est sorti d'un contrôle fiscal dont il n'aurait jamais dû réchapper. Il sait aussi que des inspecteurs de la Section financière du SRPJ de Rennes ont repris l'enquête ; qu'ils doivent bientôt remettre leur rapport ; que Trager risque de « déguster ». A l'occasion d'un passage du Nantais à Paris, Chéron a donc tiré le signal d'alarme. A tout hasard mais en pure perte.

Trager se sent intouchable. Il a pu le vérifier. Bien sûr, il n'y a pas eu de miracle dans cette affaire de contrôle fiscal. Plus prosaïquement, l'affaire a été réglée, comme Trager l'écrira plus tard, « grâce à quelques interventions haut placées. Parfois, dans la spécialité, les plus haut placées que l'on puisse imaginer ». C'est assez clair. Mais aujourd'hui, le Nantais ne peut pas vider son sac, comme ça, tout à trac, sur le trottoir. Même si ça le démange. Alors, pour expliquer son insouciance et dissiper les craintes de son avocat, il raconte avec des airs de conspirateur une histoire où il est question d'un prochain voyage en Roumanie à la demande de l'Elysée, pour un projet de la BERD, « la banque d'Attali ». Ayant ainsi laissé entrevoir les motifs de son insouciance et la qualité de ses relations, Trager file prendre le premier TGV en partance pour Nantes. Il est pressé de retrouver sa famille, sa belle maison de Sainte-Lucie-sur-Loire, dont la terrasse donne sur le fleuve, et ses copains. La tribu Trager. Sa tribu.

Sur l'avenue, Chéron demeure perplexe. Décidément, ce petit patron a des relations que sa spécialité, les passerelles d'aluminium, ne laisserait pas supposer *a priori*. Mais, il est vrai qu'on vit à l'heure du manager triomphant. Tapie est le nouveau messie. C'est l'époque qui veut ça. Pour le reste l'avenir dira s'il a eu raison ou pas de se faire du mouron pour ce curieux client. On est le 7 mars 1991. Quatre jours plus tard Trager est sous les verrous.

A Chéron, qui débarque sans tarder, le juge d'instruction chargé de l'affaire, Pierre Pétriat, lance goguenard : « Il faut croire que votre client soit bien coupable pour faire venir si vite un grand avocat parisien. » Et comme Chéron commence à protester, le magistrat, qui a le verbe volontiers mordant, ajoute, ironiquement : « Maître, vous semblez ignorer que votre client rackette dans tout le secteur pour les socialistes... » Pétriat, qui tient épisodiquement une chronique dans *Le Figaro*, a l'air de jubiler. L'avocat, lui, tombe des nues. Et ce n'est qu'un début ! Il n'a pas encore lu le rapport du SRPJ de Rennes qui démonte les infractions financières de plusieurs sociétés Trager mises en liquidation judiciaire. Des infractions qui ont noms : abus de biens sociaux, banqueroute, escroquerie, faux bilans, etc. Et qui laissent entrevoir au passage d'étonnantes relations.

A la maison d'arrêt de Nantes, dans la cellule proprette qu'il partage avec un autre détenu, Trager garde son calme. C'est même lui qui rassure Chéron et son autre avocat, le Nantais Yannick Samson. Pas de panique, il a des amis haut placés ; il les fait contacter ; il sera bientôt dehors. En attendant, quelques jours de régime ne lui feront pas de mal. Comme Michel Reyt dans la même situation, Trager se berce d'illusions. Si on lui disait qu'il va passer plus d'un an en prison, il se prendrait sans doute, une fois de plus, à rigoler. C'est pourtant ce qui va arriver. Un certain passé, celui des « affaires », a fini par le rattraper et ne le lâchera plus. Pourtant, dix ans plus tôt, l'aventure nantaise n'avait pas si mal commencé.

René Trager a quarante ans lorsqu'il quitte les rives de la Moselle, à la fin des années 70, pour refaire sa vie sur les bords de la Loire. Pour ce fils d'immigrés polonais, élevé à la dure dans une triste banlieue de Metz, tout est alors possible. Mis au travail à quinze ans et formé sur le tas, il a vite appris et ne manque pas d'atouts. Costaud, malin et doué pour le baratin, il n'a pas mis longtemps à dépasser tous ses copains. Sa partie, c'est la métallurgie. Au service commercial de Davum, une filiale des fonderies Pont-à-Mousson, il a voyagé et développé ses talents de vendeur.

En 1981, Trager crée Déambinox, une société spécialisée dans la fabrication de matériels en aluminium dont le siège est à Sainte-Lucie-sur-Loire, dans la banlieue nantaise. Pas une société taxi, pas une boîte bidon. Du vrai. Du solide. Tout comme ATAO, une deuxième société qui suivra bientôt. François Chéron affirme même qu'en juillet 1992 Renaud Van Ruymbeke qui visitait les lieux a été « impressionné » en découvrant les ateliers et les bureaux (vides à l'époque) de ces deux PME qui attestaient d'une réalité industrielle indiscutable. On fabrique là des passerelles d'aluminium à usage industriel. De celles que l'on met, par exemple, dans les brasseries, sur des cuves de trente mètres de haut. C'est, semble-t-il, un bon créneau.

Pour l'assister, le Nantais a une douzaine d'employés. Mais il a surtout sa famille et ses copains. Bon vivant et grande gueule, Trager règne en parrain tour à tour autoritaire et débonnaire sur une tribu composée de sa femme, de ses frères, beau-frère, et amis de jeunesse venus, comme lui, de l'Est : l'Allemand Richard Gaul et son épouse, le Messin Jean Bering, d'autres encore. Pour ces bons vivants le muscadet vaut bien le vin de Moselle et on trinque souvent aux succès de René. On admire sa réussite. Les affaires, il est vrai, vont plutôt bien. Du moins pendant les premiers temps. Trager travaille même à l'export. Il fait un tiers de son chiffre d'affaires à l'étranger dans des pays comme le Cameroun, le Nigeria, le Burundi, et même en Chine. Aluminium ou combines ? En tout cas, il voyage, il gagne bien sa vie et paie, personnellement, 250 000 francs d'impôts sur le revenu. Pourquoi choisit-il alors de s'embarquer dans des magouilles politico-financières qui vont lui coûter cher ?

« L'aventure dans la politique, dit Trager, je l'ai entreprise comme beaucoup d'industriels qui cherchaient à grandir, à développer leurs marchés. Mais pour cela, il faut des appuis politiques. » Prisonnier de cette logique, Trager va être pris dans l'engrenage ; cherchant l'appui d'hommes politiques pour ses affaires, il va finir par faire des « affaires » pour les hommes politiques. Dix ans plus tard, il s'en mordra les doigts.

En 1983, alors qu'il prospecte des débouchés pour ses sociétés, Trager fait la connaissance de Bernard Truhin, un homme au passé mouvementé que des revers de fortune ont marginalisé et qui finira noyé, quelques mois plus tard, sous un pont de Nantes. En attendant, il introduit Trager dans le circuit de l'argent politique en le recommandant à Yves Le Lann, l'entreprenant directeur de cabinet de Joël-Guy Batteux, le maire socialiste de Saint-Nazaire.

Ça tombe bien ! A l'instar d'autres élus, qui ont besoin d'argent pour satisfaire leurs ambitions de pouvoir, mais qui souffrent des arbitrages de Paris et des contrôles d'Urba, Batteux cherche un supplément d'indépendance financière.

Dans le secteur, la gauche ne manque pas de collecteurs de fonds occultes. Urba et la SAGES sont là. Mais l'officine qui tient le haut du pavé de Nantes à Lorient, c'est la SNEP (Société Nantaise d'Edition et de Publicité) de Daniel Nedzela [1], ex-chargé de mission

---

1. Egalement entrepreneur de spectacles — il a organisé de nombreux concerts de rock à Nantes —, Daniel Nedzela est très bien implanté dans la région de l'Ouest atlantique. Ami de longue date de l'ex-député-maire de Nantes (PS) Alain Chenard, il a beaucoup travaillé pour le maire de Lorient Jean-Yves Le Drian, mais surtout pour l'actuel maire de Nantes Jean-Marc Ayrault, dont il a financé bon nombre de meetings électoraux. C'est aussi un intermédiaire qui facilite les contacts entre les entreprises et les élus. Le 15 juin 1992, Van Ruymbeke, enquêtant sur les activités de René Trager, avait perquisitionné à la SNEP et placé Nedzela en garde à vue. Aucune suite judiciaire n'avait eu lieu. C'est seulement dix-huit mois plus tard que le parquet de Nantes a décidé

auprès de François Autain, éphémère secrétaire d'Etat à la Défense. C'est elle la grande « pompe rose » qui ponctionne les marchés publics locaux. Un passage obligé pour beaucoup. Mais la SNEP et son patron n'ont pas que des amis. Ici aussi, les rivalités de personnes, la manie du secret et les querelles entre courants poussent certains élus à avoir « leur » courtier attitré.

Le Lann aide donc Trager à implanter dans son secteur une boutique de financement concurrente, la DEEP (Diffusions et Editions Publicitaires). Sans précautions excessives. Pour sa création, la mairie de Saint-Nazaire pousse l'obligeance jusqu'à fournir, aux frais du Trésor public, les 60 000 francs de capital social nécessaire. Elle met aussi un local à sa disposition. Une situation que confirme Jean-Claude Kuka, un copain mécanicien que Trager a fait venir de Metz pour lui donner un coup de main : « Je disposais à la mairie de Saint-Nazaire d'un bureau et d'un téléphone et j'étais assisté du secrétariat du cabinet du maire pour les tâches matérielles. » Pour un peu la porte aurait indiqué : « Bureau des commissions ». La SAGES, elle aussi, était bien implantée dans certaines mairies. Mais

---

l'ouverture d'une information judiciaire. Le 6 novembre 1993, Daniel Nedzela a été mis en examen pour trafic d'influence par le juge d'instruction nantais Jean-Pierre Petillon. Son avocat, Me Michel Quimbert, conteste cette décision : « Mon client, affirme-t-il, paie une assimilation hâtive qui ferait de lui un Michel Reyt ou un René Trager. »

à l'inverse de ce qui se passe ici, c'est elle qui salariait certains élus...

Promu au rang de flibustier de l'estuaire, Trager commence à écumer les entreprises pour le compte des frères ennemis socialistes du coin, Joël-Guy Batteux et Claude Evin. La concurrence est rude. Heureusement, le gâteau paraît illimité et tout est bon à prendre, d'où la surprise du nouveau venu : « J'entrais dans le circuit comme intermédiaire, négociateur ou courtier. J'étais assez stupéfait en découvrant que toutes les opérations ou presque étaient systématiquement taxées, sujettes à commission. Travaux municipaux. Grands ou petits. Adjudications, mais aussi jardins publics, entretien de cimetières, HLM, fournitures de bureau, etc. »

A la fois simple et embrouillé, le système Trager est vite mis sur pied. L'organigramme est simple. Le personnel limité. D'un conseil d'administration à l'autre, on retrouve la famille et les copains. Tous figurants et prête-noms. Le patron, celui qui jongle avec les sociétés, les comptes en banque et les millions, c'est René. A côté des vraies sociétés (Déambinox et ATAO) surgissent au fil des mois et de la conjoncture une série de sociétés écrans (San Francisco, Dinagra, Est Diffusion, Ingésim, Franceville Conseil, etc.) dont les chassés-croisés financiers donnent le tournis. Les sociétés qui ont une activité réelle facilitent la confection de vraies-fausses-factures. Les millions, aspirés et refoulés à coups de factures et d'opérations fictives, circulent à travers ce réseau alambiqué pour revenir, invariablement, dans les mains de Trager. Au cœur du dispositif, un compte ouvert au Crédit Lyonnais de Saint-Sébastien-sur-Loire, dans la banlieue nantaise, joue un rôle clé.

Avec l'appui de la mairie de Saint-Nazaire, Trager démarche les entreprises et collecte les fonds essentiellement de deux façons. Vente de publicité pour des pseudo-guides-annuaires d'une part, « assistance aux entreprises » pour l'obtention de marchés (comme le font Urba, SAGES et autres « bureaux d'études ») d'autre part. Dans le premier cas, pour un investissement d'environ 100 000 francs, on peut encaisser jusqu'à dix à quinze fois la mise en vendant, à prix d'or, des espaces publicitaires dans un annuaire que pratiquement personne ne lira, mais que les entreprises peuvent difficilement ignorer si elles veulent être dans les petits papiers de la municipalité[1]. Quant aux « contrats d'assistance commerciale », leurs honoraires sont d'autant plus mirobolants qu'ils rémunèrent des prestations fictives ou grossièrement surévaluées. Pour les grands chantiers, les commissions se chiffrent en millions de francs. Avec un partage variable, mais qui est le plus souvent de 60 à 70 % pour l'élu et de 30 à

1. Le grand précurseur et spécialiste de la publicité surfacturée est l'OFRES, une officine mise sur pied par Hubert Haddad, un démarcheur plein d'entregent qui avait fait ses débuts avec le journal électoral de François Mitterrand : *Le Courrier de la Nièvre*. L'OFRES assurera dans les années fastes la publicité de plusieurs centaines de bulletins municipaux et autres publications essentiellement conçus comme des ramasse-pub, drainant ainsi plusieurs millions de francs dans les années 80.

40 % pour le courtier. Dans tous les cas, pour Trager comme pour ses concurrents, le but de l'opération est le même : monnayer le soutien d'élus dont l'influence est décisive pour l'obtention d'un marché.

Des années plus tard, Jean-Claude Kuka résumera ces débuts : « Au départ il n'a été question que du guide-annuaire de la ville de Saint-Nazaire. Après il y a eu les financements politiques. Les entreprises qui voulaient avoir les marchés ou qui travaillaient régulièrement avec la ville étaient contactées soit par moi-même, soit par Trager, soit par Le Lann. On leur disait que si elles voulaient avoir des marchés elles devaient payer la DEEP sous prétexte de publicité qui n'était pas réelle. »

Trager mène la vie dure à ses concurrents. Progressivement, il se constitue une clientèle d'entreprises de travaux publics qui misent sur son entregent et versent régulièrement leur obole à la DEEP. On trouve là, par exemple, la SCREG, une filiale du groupe Bouygues, Devin-Lemarchand, SBTB, Sacer, Colas, Jean Lefebvre, Unibati, Sade, Urbaine de Travaux, Strafor, etc. Les cahiers Delcroix, eux-mêmes, attestent du succès de cette concurrence sauvage. Constatant une baisse considérable du chiffre d'affaires de leur délégué pour les Pays de la Loire (1,2 million de francs, au lieu des 3,2 millions prévus en 1986), la direction d'Urba remarque avec dépit que Saint-Nazaire et Rezé « travaillent avec Trager ». Six mois plus tôt, l'approche des élections de mars et l'accroissement des besoins financiers des élus avaient à ce point exacerbé la rivalité entre Trager et Nedzela que les chefs socialistes nantais avaient dû intervenir pour imposer une trêve.

Profitant des chantiers ambitieux lancés, à l'époque, par des élus socialistes de la région, Trager élargit son champ d'action. Un projet va se révéler particulièrement juteux : celui de la ZAC Atlantis [1], un complexe commercial géant que lance le député-maire de Saint-Herblain, Jean-Marc Ayrault, futur maire de Nantes. Une vraie mine de pots-de-vin. On verra, dans le chapitre suivant, comment Trager y a récolté une commission de 600 000 francs pour le compte d'Ayrault. L'industriel devenu intermédiaire entretient des relations privilégiées avec deux autres élus socialistes de l'agglomération nantaise, le député-maire de Rezé, Jacques Floch, et son suppléant, Yves Laurent, maire de Saint-Sébastien-sur-Loire.

Entre ses affaires et les « affaires » René Trager ne ménage pas sa peine. Comme Michel Reyt, le Nantais est toujours prêt à rendre un service à un client, à donner un coup de main à un copain, à dépanner des amis dans le besoin. Par exemple, il ne lui viendrait pas à l'idée, le 23 avril 1985, de dire non aux deux cadres de

1. A terme, le montant global des investissements publics et privés pour la réalisation d'Atlantis devait s'élever à 700 millions de francs. Les terrains ont été aménagés et commercialisés par la Société d'Economie de Loire-Atlantique (SELA) avec laquelle la municipalité de Saint-Herblain avait signé un contrat de concession. La SELA est également intervenue à Saint-Sébastien-sur-Loire pour l'hypermarché Continent.

Streichenberger, une société de retraitement des déchets, qui l'appellent pour une urgence. Des besoins pressants d'argent liquide. Une « valise » à remettre quelques heures plus tard, à Paris, à un politicien du Sud-Ouest. Contre un chèque de 893 000 francs déposé sur son compte DEEP au Crédit Lyonnais de Saint-Sébastien-sur-Loire, Trager retire simultanément 603 000 francs en billets. La différence, moins la TVA, lui laisse une commission de 100 000 francs. Une bonne journée.

Bernard Lebœuf, un ancien cadre de Streichenberger, devenu l'acolyte de Trager dans plusieurs affaires, racontera plus tard que les 603 000 francs étaient destinés au député-maire (PS) d'Angoulême et éphémère secrétaire d'Etat aux Collectivités locales, Jean-Michel Boucheron. L'argent a changé de mains dans l'appartement parisien de la belle-sœur de Boucheron, Pascale de Varga. Une femme qui lui a servi d'intermédiaire, entre autres « affaires », dans la réalisation par... Streichenberger d'une usine d'incinération dans la banlieue d'Angoulême[1]. A la même époque, Trager se trouvera briè-

1. Ce contrat était en réalité un contrat de fonctionnement de l'usine pour quinze ans. Un fabuleux marché d'un montant de 100 millions de francs. Aux termes d'une clause secrète signée entre la ville d'Angoulême et Streichenberger, Pascale de Varga devrait recevoir une commission de 5 %... payable en quinze ans. Le successeur de Jean-Michel Boucheron à la mairie d'Angoulême, Georges Chavanes, a remis à la justice trois chèques — d'un montant de 133 500 francs chacun — versés pour

vement impliqué dans un projet Streichenberger à Montpellier...

Il a du mal à refuser une bonne affaire, Trager ! Et en plus ce n'est pas un sectaire. Par exemple, il accepte de jouer les messieurs bons offices pour la droite, à l'occasion des élections municipales de mars 1989, à Nantes. D'autant plus facilement que pour lui tous les hommes politiques — pour lesquels il affiche aujourd'hui un solide mépris — se valent, quel que soit leur parti. L'histoire, rocambolesque et crapuleuse, mérite d'être contée.

En février 1989, la campagne bat son plein. A droite, c'est un chef d'entreprise parisien, Daniel Augereau (RPR), qui est tête de liste, face au socialiste Jean-Marc Ayrault, l'un des hommes qui montent au PS. Pour Augereau, la bataille s'annonce difficile, car la gestion du précédent maire gaulliste, Michel Chauty, est très critiquée. Il a alors l'idée de commander à Trager un dossier de nature à compromettre son adversaire. Ça tombe bien : le gros René en a justement un au chaud. Il s'agit de documents qui illustrent les relations entretenues par Ayrault avec Daniel Nedzela, ennemi juré de Trager et grand bailleur de fonds du PS de Loire-Atlantique.

---

la seule année 1990 à Pascale de Varga. Lorsque Streichenberger décidera de mettre fin à ce contrat, Pascale de Varga intentera à l'entreprise un procès et réclamera 5,4 millions de francs. Elle gagnera, mais le tribunal de commerce ne lui accordera que 1,5 million de francs.

A quelque temps des élections, Augereau entame les négociations pour l'achat du précieux document par l'intermédiaire d'un courtier parisien bien en cour au RPR, Robert Melloni [1]. Très vite, on se met d'accord sur un prix : 3 millions de francs. Une petite fortune ! Le 23 mars, Melloni fait un chèque de ce montant au nom de René Trager. Mais il s'agit d'un chèque de garantie que l'industriel nantais ne doit pas toucher. En échange, Melloni peut consulter le dossier. Pour voir. Comme au poker !

Mais le Nantais est un homme pressé. Quelques jours après avoir reçu le chèque, il le met à l'encaissement. Melloni, furieux, fait opposition. Le gros René ne fait ni une ni deux : il assigne le courtier devant un tribunal pour opposition illégale. Le 2 avril, alors que l'affaire doit être plaidée le surlendemain, les deux hommes décident de faire la paix. Et de transiger. Melloni, Trager et la secrétaire d'Augereau se retrouvent donc peu après dans un bureau de l'hôtel Sofitel Bourbon, à deux pas de l'Assemblée nationale. Là, on coupe la poire en deux : Trager rend le chèque de 3 millions. En échange, Melloni lui remet 1,5 million en

1. Robert Melloni est mort en 1993. En 1990, il avait fait, avec son gendre, Georges Quémar, président de la Société d'Economie Mixte d'Aménagement de la Ville de Paris (SEMAVIP), l'objet de poursuites judiciaires. A l'occasion d'une procédure d'expropriation visant un garage du XIXe arrondissement, Melloni avait promis à son propriétaire d'intervenir auprès de son gendre, moyennant une commission de 4 millions de francs.

liquide, de la part d'Augereau. Le plus étonnant, dans cette affaire, est que le fameux (et peut-être fumeux) dossier ne semble pas avoir servi. Ce qui est certain, c'est qu'il n'a pas empêché la victoire de Jean-Marc Ayrault.

Interrogé, en 1992, par Van Ruymbeke, Melloni est formel : « L'acheteur du dossier, c'est bien Augereau. » Quant à ce dernier, qui a toujours démenti être mêlé de près ou de loin à cette histoire, il expliquera malgré tout au juge que le million et demi remis à Trager lui avait été prêté par un ami arabe résidant en Suisse... Curieuse histoire. Même exempte d'infraction, elle n'en est pas moins révélatrice d'un état de mœurs politiques bien particulier. Quant à savoir ce que Trager a pu faire de son million et demi de francs, mystère.

C'est ça René Trager, dans les années 85-88. Un « homme d'affaires » au cœur du financement occulte du PS de Loire-Atlantique. Et parfois d'ailleurs. Un homme de poids. A tu et à toi avec les grands de ce petit monde. Il en a pris des kilos et vidé des bouteilles dans les restaurants de Nantes et d'ailleurs avec ses « clients ». Alors, aujourd'hui qu'il est en prison, tout ça, tout ce passé devrait suffire à les mobiliser en sa faveur, à le faire sortir. Pour lui, les choses sont simples : qui tient le pouvoir tient la justice.

En attendant, les jours passent, puis les semaines et bientôt un mois. Avril est là. Au fond de sa cellule, Trager trouve le temps long. L'ingratitude de ses « amis politiques » lui pèse. Mais ceux qu'il appelle les « crocodiles » n'auront pas une larme pour lui. Par sa femme, qui trouve porte close auprès de ceux pour qui il s'est mouillé, il découvre la loi du genre : « Trager connais pas. » Ou si peu. Même son de cloche à Nantes et à Paris. Il commence à comprendre.

Le 4 avril une deuxième demande de remise en liberté est refusée. De toute évidence Trager n'est pas près de sortir. Il décide alors de parler. Pas à Pétriat, car il ne veut rien dire à la justice, mais à ses avocats, Yannick Samson, du barreau de Nantes, et François Chéron. Trager apprécie le côté direct et chaleureux de l'avocat parisien. Et puis, de savoir que Chéron, ancien collaborateur de Robert Badinter et grand défenseur des victimes de la dictature en Amérique latine, s'occupe d'un porteur de valises comme lui, ça l'impressionne quand même un peu.

Le 6 avril, au parloir des avocats, Trager explique pour la première fois les manipulations financières sur lesquelles il a jusqu'alors gardé le silence. Elles n'ont, dit-il, qu'un objectif : masquer des opérations de financement politique. « D'accord, mais où va l'argent ? » demande Chéron à l'issue de ce préambule. « Prenez du papier et notez », répond Trager qui commence à égrener des noms. Comme autant de coups. Chéron qui note à la volée a bientôt couvert une page de noms et de chiffres... En tout, une cinquantaine : les élus arrosés par Trager et les sommes remises. Ce qui donne, dans le haut du tableau : Jean-Marc Ayrault, 540 000 francs ; Joël-Guy Batteux, 600 000 ; Yves Le Lann, 500 000 ; Jacques Floch, 270 000 ; Yves Laurent, 300 000, etc. Tous sont socialistes. Plusieurs sont députés. Chéron est abasourdi par cette version nantaise de « main basse sur la ville ». Si Trager dit vrai, c'est de la dynamite ! Et ce n'est pas fini.

Après une hésitation, Trager, tendu par l'intensité de sa confession, lâche distinctement trois noms : Fabius, Bockel, Dufoix. Boum ! boum ! boum ! Soudain, les enchères crèvent le plafond. On joue gros. Chéron s'accroche à son stylo. Le Nantais explique qu'il a participé à trois « coups » qui ont permis à des ministres du gouvernement Fabius de ramasser des millions de francs à la veille des élections de mars 1986. Le premier, dans lequel on trouve l'ancien ministre du Commerce et de l'Artisanat, Jean-Marie Bockel, concerne l'implantation d'un supermarché Continent à Saint-Sébastien-sur-Loire. L'argent, laisse entendre Trager, aurait bénéficié en partie à Laurent Fabius, alors Premier ministre. Dans les deux autres opérations (importation d'un appareil de radiologie américain et transfert d'une administration, la Sous-Direction des naturalisations de Paris à Rezé), c'est Georgina Dufoix, ministre des Affaires sociales, qui aurait été la grande bénéficiaire de l'opération.

Comment est-ce possible ? Comment des élus socialistes ont-ils pu participer à de telles magouilles ? D'abord incrédule, Chéron pressent que Trager ne bluffe pas. Tout est si précis, si cohérent, que ces noms, ces dates, ces sommes, il n'a pas pu les inventer. L'avocat est d'autant plus impressionné que certains faits collent parfaitement avec ce fameux rapport du

SRPJ de Rennes, dont il a fini par obtenir une copie. On y trouve, en effet, des lettres signées de Le Lann et Batteux recommandant Trager aux entreprises. On y trouve un courrier du ministre du Budget, Michel Charasse, répondant à Georgina Dufoix qui s'inquiète de la situation fiscale de Trager. Et aussi une intervention de Jacques Floch sur le même sujet. Plus troublant encore, le rapport fait état de chèques de Trager au profit de Michel Maurice, un proche collaborateur de Georgina Dufoix. Décidément, pense l'avocat, nous voilà dans de beaux draps !

En quittant la maison d'arrêt, ce 6 avril, Chéron est « sonné » mais il n'a plus de doutes : Trager ne ment pas. La suite montrera que le Nantais est capable de se taire ou de tergiverser pendant des mois, mais lorsqu'il se décide à parler, il dit la vérité. Ou au moins, sa part de vérité... Cela dit, ce que Chéron vient d'entendre est tellement gros et tellement grave que, sans attendre, il décide de tirer le signal d'alarme du côté du PS où il ne manque pas de relations. Ancien membre des Etudiants socialistes, l'avocat n'a jamais caché ses sympathies politiques.

Le soir même, Chéron appelle son confrère Gérard Welzer, ancien député socialiste des Vosges et chef de cabinet de Pierre Mauroy, alors premier secrétaire du PS. « Ce que tu me racontes est dramatique », lâche Welzer. « Oui, répond Chéron, car pour éviter de tout prendre sur le dos mon client va être obligé de parler. » Les deux hommes décident de se voir dès le lendemain, dimanche 7 avril, à 9 heures du matin... (Ironie, il s'agit du jour de la folle équipée du juge Jean-Pierre dans les locaux parisiens d'Urba.) Lieu de rendez-vous : avenue Bosquet, devant le pied-à-terre de Mauroy, à deux pas de la place de l'Alma.

Installés, peu après, dans un café, Welzer et Chéron reparlent donc de Trager. Il paraît alors clair que la seule façon d'éviter que le scandale n'éclate au grand jour est d'obtenir la remise en liberté du Nantais. Welzer va voir comment il peut intervenir. Quelques jours plus tard, pour faire bonne mesure, Chéron alerte d'anciens membres du cabinet de Pierre Joxe à l'Intérieur. Eux aussi prêtent une oreille attentive à son histoire. Mais sans plus. L'avocat téléphone alors tous azimuts. On l'écoute. Mais, rien ne se passe. Visiblement, le prisonnier, dont personne n'a jamais entendu parler, n'apparaît pas comme un danger à ses interlocuteurs.

Trager reste sous les verrous. Malgré l'insistance du juge Pétriat, il se refuse toujours à parler. Il va pourtant y être bientôt contraint. Interrogé par la police, son copain Jean Bering, qui est le gérant en titre de la DEEP, raconte qu'il lui est arrivé d'aller porter à Le Lann de l'argent que Trager lui remettait pour Batteux. Pris au piège de ses montages et de ses amitiés, Trager confirme. Batteux, de son côté, ne cherche pas à nier ses relations d'affaires avec un homme qui disposait, il est vrai, d'un bureau dans sa mairie, mais il est formel : ses relations avec Trager ont cessé depuis 1986.

Pendant son audition, Trager n'a soufflé mot de ses autres clients, mais l'alerte a été chaude et Chéron redoute plus que jamais un déballage catastrophique pour le PS. Il n'a plus qu'une idée en tête : faire libérer son client avant qu'il ne soit trop tard. Pour cela, il décide de frapper encore plus haut que lors de sa première tentative... Par l'intermédiaire de Welzer, il obtient un rendez-vous avec Jean Nestor, directeur adjoint du cabinet du garde des Sceaux, Henri Nallet. Nestor écoute. Au moment même où le feuilleton Urba rebondit, exposant son ministre à toutes sortes de critiques, il comprend qu'il n'est pas vraiment nécessaire qu'une autre affaire vienne s'y ajouter. « Adressez-vous à Jean-Claude Vuillemin, dit Nestor à Chéron, il va s'occuper de cette histoire. » Ça tombe bien, l'avocat connaît et apprécie cet ancien juge d'instruction spécialisé dans les affaires de terrorisme, conseiller du ministre pour l'action publique [1]. Un homme connu pour ses talents de diplomate. Quelques jours plus tard, les deux hommes se rencontrent et Vuillemin promet d'appuyer une demande de mise en liberté de René Trager auprès du parquet de Nantes. Ce sera un fiasco total.

La Chancellerie, tétanisée par l'affaire Jean-Pierre, a-t-elle préféré ne pas se mêler d'une autre affaire ? Chéron et Trager ont-ils été victimes d'une lutte d'influences au sein du PS ou encore d'une erreur d'analyse ? On peut spéculer longtemps sur les raisons

1. Vuillemin a notamment instruit l'affaire Audran, du nom du général qui avait été exécuté, le 25 janvier 1985, par les membres du groupe terroriste Action directe.

de cette non-intervention. Ce qui est sûr, c'est que René Trager n'est pas près d'en avoir fini avec la justice. D'ailleurs, à la suite de l'apparition du nom d'un élu (Batteux) dans le dossier, celui-ci a été transféré à la cour d'appel de Rennes. Et le changement n'est pas seulement géographique !

A Pierre Pétriat, qui se démenait pour percer le mystère Trager, succède le président Robert Cornu, un homme affable qui attend de partir à la retraite mais qui ne paraît guère pressé de fourrer son nez dans ce dossier. D'ailleurs, son opinion est vite faite : Trager est un vulgaire escroc de droit commun qui cherche à s'en sortir en politisant l'affaire. Un affabulateur. Les indices, pourtant nombreux, qui devraient éveiller la curiosité (cahiers Delcroix, rapport du SRPJ, liens avec Batteux) n'y changeront rien. Jusqu'au départ du magistrat, le dossier ne bougera pas.

Curieusement, ce sera également le cas pour un autre dossier explosif qui vient, à la même époque, échouer sur le même bureau : le dossier Urba-Sarthe. Ainsi se trouvent réunies, dans les mêmes mains, deux des « affaires » les plus meurtrières du moment pour les socialistes. Si c'est un hasard, il n'est pas tendre pour le pouvoir. Mais si c'est un calcul, quelle part laissée au hasard ! Cela dit, qui pouvait prévoir, une fois sonnée l'heure de la retraite pour Cornu, qu'un nommé Van Ruymbeke hériterait, d'un seul coup, de ces deux bombes à retardement.

Début août, Trager demande à voir le juge Yvan Auriel, qui instruit, à Angers, une autre affaire dans laquelle il tient la vedette[1]. Il a des révélations importantes à faire. Une fois devant le magistrat, le Nantais tend, sans un mot, une douzaine de feuillets qu'il a tapés lui-même sur sa machine à écrire portative. Auriel commence à lire et fait la grimace. Il y a de quoi !

Ce que Trager lui met sous les yeux, c'est la version revue et corrigée de la liste dictée, en avril, à Chéron. Avec élus, ministres, entreprises et montant des commissions. Tous soigneusement alignés, noir sur blanc. Auriel pâlit. Après avoir rapidement parcouru quelques feuillets, il rend ses notes à Trager, comme si elles

1. L'autre affaire Trager tourne autour d'un projet de résidence-service pour personnes âgées, à Rezé, dans la banlieue nantaise. En 1988, le projet est en panne. Pour aider le député-maire socialiste du coin, Jacques Floch, à le relancer, son ami Raymond Douyère, député PS de la Sarthe, lui présente un promoteur, Serge de Sinety. Marché conclu. D'autant plus facilement que le Crédit Local de France Immobilier (CLF-Immo), filiale du groupe dont Douyère préside le conseil de surveillance, ouvre une ligne de crédit de 10 millions de francs. Cinq ans plus tard, la résidence n'a toujours pas vu le jour et on ne sait pas très bien où est passé l'argent. Il semble qu'avant d'avoir commencé les travaux de Sinety a remis plus de 2 millions à Trager, qui faisait miroiter des prolongements mirifiques du projet ainsi qu'un financement suisse. Selon le promoteur, Trager, Floch et Michel Maurice, proche collaborateur de Georgina Dufoix, rêvaient de multiplier les résidences-service dans des municipalités socialistes. Le juge Yvan Auriel, chargé de démêler cet imbroglio, inculpera bientôt Trager et de Sinety d'escroquerie, puis Michel Maurice et Jacques Floch. D'abord instruite à Nantes, cette affaire, compte tenu de l'apparition de noms d'élus, sera déplacée à Angers. Elle n'est toujours pas terminée.

lui brûlaient les doigts. Tout cela sort du cadre de son instruction. Ce n'est pas « son » affaire. Voyez ailleurs, semble dire le magistrat. Ces confessions ne seront pas versées au dossier mais les avocats les ont gardées. Il faudra attendre 1992, et un autre juge d'instruction — le conseiller Van Ruymbeke — pour qu'elles fassent enfin l'objet d'un procès-verbal, en bonne et due forme.

En attendant, la rumeur va bon train, mettant à rude épreuve les nerfs de ceux qu'elle entraîne dans la spirale du soupçon. Parties du fond de sa prison, les révélations de Trager — à la fois cris du cœur, imprécations et règlements de comptes — trouvent facilement leur chemin vers l'extérieur A Nantes et Saint-Nazaire, jamais les « affaires » n'ont autant empoisonné l'atmosphère qu'en cette fin d'été. L'imprécateur fait peur. L'orage gronde. La foudre va frapper deux fois.

Le 30 août 1991, le juge Yvan Auriel met Michel Maurice, promu directeur de cabinet de Georgina Dufoix, sous les verrous après l'avoir inculpé de complicité d'abus de confiance et de recel d'abus de biens sociaux. Ses fonctions auprès de la présidente de la Croix-Rouge avaient brutalement pris fin... la veille. En clair, Maurice est accusé d'avoir reçu deux chèques, d'un montant total de 30 000 francs, de Trager. Beaucoup ne comprennent pas. Comment Maurice, l'ancien syndicaliste, le conseiller dévoué, peut-il se trouver mêlé aux combines d'un René Trager ? Les autorités judiciaires se taisent. Georgina Dufoix aussi.

A l'Elysée on commence à s'inquiéter de la tournure

prise par cette affaire. La presse en parle de plus en plus. A la rentrée, les noms de Fabius, Bockel et Dufoix enflent la rumeur. Le premier dément sèchement ; le second au contraire confirme implicitement. Quant à Georgina, vers qui se tournent bien des regards après l'arrestation de Michel Maurice, elle ne répond toujours pas. Après ce coup qui n'est pas passé loin, on dirait qu'elle retient son souffle.

C'est dans ce climat oppressant que la foudre va s'abattre une seconde fois. Tragiquement. Le vendredi 13 septembre, le maire de Saint-Sébastien-sur-Loire, Yves Laurent, dont le nom était cité par Trager, met fin à ses jours.

Chapitre 5

Racket et mort à l'hypermarché

Vendredi 13 septembre 1991, 12 h 45. Yves Laurent est retrouvé mort, le visage brûlé, à l'arrière de sa R21, garée à quelques mètres de la maison familiale, à Préfailles (Loire-Atlantique). Pour la police, aucun doute, le maire de Saint-Sébastien-sur-Loire s'est bien suicidé à l'aide d'une bouteille de gaz qu'il a fait exploser dans sa voiture. Dans la cuisine de sa maison, il a laissé une lettre d'adieu à la conclusion lapidaire : « Le monde est pourri. »

Comment ce jeune politicien, à qui tout semblait réussir, et que rien à première vue ne prédisposait à un tel geste, a-t-il pu en arriver là ? A trente-neuf ans, Yves Laurent avait, comme on dit, un bel avenir devant lui. Formé à l'école des Jeunesses ouvrières chrétiennes, il avait adhéré au PS — tendance Mauroy — en 1974. En 1983, à trente ans il avait conquis la mairie de Saint-Sébastien-sur-Loire, une banlieue populaire de Nantes. Passionné par les questions d'environnement et l'animation des cités, il était entré au cabinet de Michel Delebarre, le ministre de la Ville. C'est également lui qui était à l'origine des premiers conseils municipaux d'enfants.

Jeudi 12 septembre, la veille du drame, *L'Evénement du jeudi* avait consacré un long article aux activités de René Trager, intitulé « Les confessions d'un racketteur socialiste ». Le texte, bien documenté, indiquait que la justice allait bientôt examiner « une histoire d'implantation d'hypermarchés, en particulier à Saint-Sébastien-sur-Loire, dont le maire, Yves Laurent, est accusé par Trager d'avoir reçu 600 000 francs[1] de commission ». Dans la soirée, Laurent avait participé à un meeting en faveur de Claude Evin, ancien ministre de la Santé et candidat (PS) à l'élection législative partielle de Saint-Nazaire. A des journalistes, il avait déclaré que les accusations portées contre lui étaient injustes et qu'il se battrait pour le prouver. Mais alors, pourquoi se tuer le lendemain ? S'est-il senti piégé ? Lâché ? A-t-il pris peur ?

Dès 14 h 30, la nouvelle du drame se répand. Pierre Mauroy monte en ligne et donne libre cours à son indignation. D'emblée, le premier secrétaire du PS s'en prend à la presse et à la justice. « Ce drame, dit-il, place chacun devant sa conscience et sa responsabilité. Il n'est pas acceptable que, dans un pays comme la France, certains puissent se laisser aller à jeter des noms en pâture dans des conditions qui ne sont pas

1. Comme on l'a vu dans le chapitre 4, il s'agit en fait de la moitié de cette somme.

celles de la justice et de l'information d'une démocratie digne de ce nom. »

Le procureur d'Angers met, peu après, les choses au point, affirmant que « le nom d'Yves Laurent n'apparaît nulle part dans le dossier ». C'est sans ambiguïté mais inexact. Le 26 juillet 1991, le juge Yvan Auriel a écrit à ce même procureur : « Attendu que les faits de corruption qui sont imputés à M. Laurent, à les supposer établis, ont été commis dans l'exercice de ses fonctions (...). Par ces motifs, communiquons à M. le Procureur de la République à toutes fins utiles. » Suit une allusion au paiement par Trager de sommes en espèces à Yves Laurent.

Le juge applique ici une procédure classique lorsque des élus sont susceptibles d'êtres inculpés, sans préjuger de leur culpabilité : il demande au procureur de saisir la Cour de cassation pour qu'elle désigne la juridiction chargée de prendre le relais. Le procureur est donc clairement informé. Le 13 septembre, près de deux mois ont passé. Vérification faite, la requête du juge Auriel n'a toujours pas été envoyée à la Cour de cassation. Pourtant, l'article 681 du Code de procédure pénale demande au procureur d'agir « sans délai ».

Jacques Floch, voisin et ami d'Yves Laurent, qui était son suppléant, devait nous déclarer, par la suite : « Depuis des mois Yves savait que son nom sortirait. Il ne s'est rien mis dans les poches, mais il ne pouvait pas supporter l'idée d'être mêlé à tout cela. » Contrairement au maire de Lille, le maire de Rezé n'incrimine pas la presse. C'est vers la politique qu'il pointe un doigt accusateur. Floch voit dans la mort de son ami « le résultat d'un mélange explosif de phrases qui blessent à mort, de la frilosité de certains camarades de parti, de l'incompréhension des appels répétés qu'il a lancés avant d'en finir ». Ce qui a le plus blessé Laurent, estime Floch, c'est d'avoir été présenté comme le grand bénéficiaire d'une affaire d'hypermarchés qui s'était traitée « au niveau national », mais pour laquelle il avait « prêté sa commune ». Il paraît que cela se fait...

Yves Laurent s'est effectivement trouvé placé au cœur d'une grosse affaire de corruption qui a démarré à la veille des élections de mars 1986. Une période faste — on le verra — pour les « affaires Trager ». Relancée six ans plus tard, en 1992, par le conseiller Van Ruymbeke, elle n'est toujours pas complètement élucidée. Elle est néanmoins révélatrice des montages politico-financiers et de la corruption sans vergogne qui accompagne l'arrivée dans les municipalités de ces énormes vaches à lait que sont les grandes surfaces. Une vraie danse du scalp ! Bien avant que le premier client ait franchi la porte du magasin, les prédateurs, grands et petits, ont déjà fait monter les prix.

Tout débute en 1984, lorsque le jeune maire propose l'implantation dans sa commune d'un hypermarché Continent, une marque appartenant au groupe Promodès, le numéro deux de la distribution en France. Pas question, répond ce dernier : « Nous en possédons déjà un à Vertou, commune proche de Saint-Sébastien. A quoi bon en implanter un second qui ferait forcément concurrence au premier ? » L'argument paraît incontournable. Pourtant, surprise ! les dirigeants de Promodès changent d'avis un an plus tard. Ils décident de fermer leur magasin de Vertou et se portent candidats pour une implantation à... Saint-Sébastien-sur-Loire. Reste à régler la question des autorisations. Ce qui ne va pas forcément de soi dans une région qui compte déjà plus d'hypermarchés que la moyenne nationale. Le 15 octobre 1985, en dépit d'un plaidoyer d'Yves Laurent, la Commission Départementale d'Urbanisme Commercial (CDUC) émet un avis défavorable à ce projet, par 10 voix contre 4[1]. Le 13 novembre, la Commission Nationale d'Urbanisme Commercial (CNUC), saisie en appel, confirme ce rejet. Pourtant, le 13 mars 1986, à la veille des élections législatives, le ministre du Commerce et de l'Artisanat, Jean-Marie Bockel, passe outre à ces deux votes négatifs et donne son feu vert... Il dispose, en effet, de ce pouvoir discrétionnaire. D'ailleurs ce n'est pas une, mais trois autorisations d'implantation d'hypermarchés Continent que le ministre signe, dans la foulée, en faveur du

1. Cette commission a été instaurée par la loi Royer — du nom du ministre du Commerce et de l'Artisanat — en décembre 1973. Consultée pour toute implantation de plus de 1 000 m² pour les villes de moins de 40 000 habitants — c'est le cas de Saint-Sébastien-sur-Loire —, elle est présidée par le préfet. Elle comprend 9 élus, 9 représentants du commerce et de l'artisanat et 2 représentants d'associations de consommateurs. Un appel de sa décision de refus est possible devant la CNUC, présidée par le ministre du Commerce lui-même.

groupe Promodès. Outre le magasin de Saint-Sébastien-sur-Loire, les autorisations concernent Mont-Saint-Aignan, dans la banlieue de Rouen, et Vaulx-en-Velin, dans celle de Lyon. Un beau triplé pour une marque qui obtenait en moyenne l'ouverture d'un hypermarché par an.

Pourquoi ce traitement de faveur, à quelques jours des élections, de la part d'un ministre qui s'est déjà montré très généreux en la matière[1] ? Pour de l'argent : commissions, bakchichs et pots-de-vin qui sont devenus la règle en pareil cas ? Sans doute. Mais encore ? Au juge, qui cherche à comprendre les dessous de cette affaire — la générosité du ministre, la valse des millions et leur destination —, René Trager apporte une première explication.

Il a, dit-il, joué un rôle d'intermédiaire dans l'affaire du Continent de Saint-Sébastien-sur-Loire, à la demande d'Yves Laurent. Un second rôle dans un gros coup. Quand on sait que la réalisation d'un hypermarché, de l'étude à la mise en service, suppose un investissement de l'ordre de 150 à 200 millions de francs, et que les commissions varient de 2 à 4 %, il est facile de calculer la fortune que peut représenter une triple autorisation.

1. Dans son livre, *La Corruption de la République* (Fayard), Yves Mény écrit : « En 1985, les CDUC avaient accordé 180 autorisations et signifié 308 refus. Après intervention du ministre, les autorisations grimpent à 268 et les refus ne sont plus que 220. » Il précise que la droite n'agissait pas autrement avant 1981.

Dans le cas présent, Trager travaille avec Michel Picard, un membre du cabinet de Jean-Marie Bockel chargé du financement des campagnes électorales de son patron. A la veille de la signature des autorisations, Trager a vu Picard (aujourd'hui décédé) au ministère du Commerce et de l'Artisanat pour préciser certains détails de l'opération. Tout particulièrement, le montant de la commission (300 000 francs) qui doit revenir au ministre pour ses frais électoraux. Trager précise que c'est à la demande de Picard qu'il a noué des relations avec le directeur de l'expansion de Promodès-Continent, Jean Audouin. Ce dernier, qui est également le PDG d'EMA, une société de conseil en grandes surfaces travaillant pour Promodès-Continent, est au cœur de toute opération.

La répartition des commissions a lieu à trois niveaux. Le premier, qui concerne Saint-Sébastien-sur-Loire, s'articule autour des honoraires de l'architecte parisien de Continent, Jean Baltrusaitis. Une somme qui se situe, selon Audouin, « entre 3 et 4 millions de francs ». Rien à redire. Sinon qu'Yves Laurent intervient pour imposer un deuxième intermédiaire. Il s'agit d'Alain Diatkine, un architecte nantais d'origine marseillaise que l'on retrouve aux côtés de Trager dans d'autres affaires. Audouin accepte, mais à une condition : que Diatkine ne se mêle surtout pas d'architecture ! Ce point réglé, Baltrusaitis rétrocède la bagatelle de... 2 600 000 francs à Diatkine. Qui en reverse 700 000 à Trager. Qui, à son tour, en ristourne 300 000 à Michel Picard et autant à Yves Laurent, gardant les 100 000 francs restants pour lui. Merci Continent !

Les deuxième et troisième niveaux de commissions, le magistrat rennais va les découvrir à l'occasion d'une perquisition éclair effectuée, le 9 octobre 1992, dans les locaux d'EMA, rue de la Paix, à Paris. Là encore, il apparaît que les millions changent facilement de mains et que les services sont payés à prix d'or. Le juge découvre, par exemple, trois factures correspondant à la rémunération d'EMA par Continent pour les décisions obtenues le 13 mars : 1,6 million pour Vaulx-en-Velin ; 1,9 pour Mont-Saint-Aignan ; et 520 000 pour Saint-Sébastien-sur-Loire. Soit plus de 4 millions ! Au juge qui s'étonne de l'importance de ces honoraires, Audouin rétorque avec aplomb : « Cela représente des mois de travail[1]. »

Ce n'est pas tout. Ce jour-là, Van Ruymbeke met aussi la main sur des documents illustrant les liens qui unissent EMA à une certaine SAGRIMEX. Une société qui, dans l'affaire Saint-Sébastien-Promodès, a facturé pour 4 millions de francs des prestations plutôt imprécises à Continent. Qui a payé, sans sourciller. Au

1. EMA avait passé, en 1984, avec Continent un contrat qui prévoyait trois formes de rémunération : transfert (d'une marque d'hypermarché à une autre), 100 francs par m^2 ; création d'un magasin par Continent, 300 francs par m^2 ; création EMA, rémunération à débattre. Les hypermarchés ont une surface au sol de 2 500 à 20 000 m^2.

cours de sa visite, le conseiller découvre, par ailleurs, qu'EMA et la SAGRIMEX ont passé une convention « aux termes de laquelle les règlements sont suspendus aux décisions favorables de la CDUC ou du ministre du Commerce en cas de recours et à l'octroi du permis de construire ». Interrogé sur cet accord, Jean Audouin s'embrouillera, ne parvenant pas à fournir la moindre explication sur ses relations avec la SAGRIMEX et sur son directeur, un certain Pierre Begaud[1].

A la lecture des documents saisis ce jour-là, le conseiller comprend bientôt pourquoi. Les deux sociétés ont mis au point un système permettant d'arroser en argent liquide les décideurs qui ont facilité les autorisations d'hypermarchés[2]. Premier temps : la SAGRIMEX reçoit d'EMA des chèques sur ses comptes à la Banque de Hong Kong et la Banque d'Argentine. Deuxième temps : la SAGRIMEX sort de l'argent liquide. Un jeu d'enfant ! Mais un jeu dangereux. D'ailleurs, Pierre Begaud est aujourd'hui introuvable. Il aurait choisi de s'exiler en Amérique latine. Avec ses secrets.

Mais où est passé l'argent ? Avec un bel ensemble,

1. Selon le garde des Sceaux Henri Nallet, entendu le 25 juin 1991 par la Commission d'enquête sur le financement des partis, la SAGRIMEX était à la fois proche du Parti socialiste et du CDS (Centre des Démocrates Sociaux).

2. Les autorisations de grandes surfaces font toutes l'objet d'un arrêté ministériel. Il en va de même, on le verra bientôt dans une autre affaire, avec certains appareils de radiologie. Ce qui conduit des fonctionnaires à parler de décrets pousse au crime !

Jean Baltrusaitis, Alain Diatkine et Jean Audouin (« Je ne me suis pas occupé des détails ») affirment l'ignorer. D'après Trager, une partie a été répartie localement ; une autre — « un gros paquet » — aurait servi à financer des hommes politiques haut placés. A Paris. Une explication à rapprocher des propos tenus par Jacques Floch, selon qui Laurent aurait prêté sa commune pour une grosse affaire, traitée au niveau national. C'est-à-dire par les instances supérieures du PS. Mais traitée par qui ?

Par Jean-Marie Bockel ? L'ancien ministre du Commerce, mis en cause par les insinuations de Trager, au même titre que Laurent Fabius et Georgina Dufoix, s'était expliqué dès septembre 1991. Il nous a confirmé ses propos. S'il a autorisé les trois Continent, c'est « indépendamment de toute considération liée à la campagne électorale ». Pourquoi trois d'un coup ? Parce que « le ministre se presse en fin de législature, ce qui augmente le nombre des dossiers traités ». Cela dit, le maire de Mulhouse n'exclut pas que Michel Picard, qui était chargé de sa campagne électorale, « ait pu solliciter des groupes commerciaux » pour soutenir sa campagne. Mais, compte tenu de la « répartition des tâches » entre lui et son ancien collaborateur, il ignore « dans quelles proportions ».

Par Laurent Fabius ? L'ancien Premier ministre, lui aussi touché par les imprécations de Trager, s'était montré encore plus catégorique que Bockel, opposant un démenti formel aux articles qui s'étaient risqués à citer son nom en s'appuyant sur de prétendues révélations. La mort d'Yves Laurent avait calmé les spéculations. Trager s'était tu. On en était resté là jusqu'à l'irruption du conseiller Van Ruymbeke dans le dossier Trager, plus précisément, jusqu'en octobre 1992, lorsque l'évocation de la présence d'un proche de Laurent Fabius au conseil municipal de Saint-Sébastien-sur-Loire avait relancé les spéculations.

Le 9 octobre 1992, le jour de sa perquisition au siège d'EMA, Van Ruymbeke avait aussi rendu visite à la direction de Promodès, rue de Courcelles, à Paris. Et là, il avait mis la main sur une lettre du 1er avril 1985, dans laquelle Jean Audouin écrivait au directeur de Continent : « L'autorisation (...) sera vraisemblablement obtenue même si nous ne faisons que très peu de choses pour défendre le dossier car l'un des conseillers municipaux de Saint-Sébastien-sur-Loire est également l'un des conseillers très proches de Laurent Fabius. » Questionné sur ce point, Audouin dira au juge : « Ce projet était fortement appuyé par le maire M. Laurent et l'un de ses adjoints, M. Beaufret qui faisait à l'époque partie du cabinet de M. Fabius. Le maire m'avait d'ailleurs dit que c'est un dossier qui devrait sortir car il l'appuyait et il ne s'agissait que d'un transfert. »

Les spéculations journalistiques sur le rôle qu'aurait joué Jean-Pascal Beaufret dans cette affaire avaient provoqué un bref démenti de ce haut fonctionnaire du Trésor, originaire de la région nantaise : « Insensé ! » Beaufret a-t-il, tout bonnement, appuyé un projet défendu par son maire ? Son nom a-t-il été utilisé pour donner plus de poids au dossier ? Au contraire, a-t-il été, comme le prétend Trager, une « cheville ouvrière » dans cette affaire ? Difficile de trancher.

Par exemple, Trager affirme qu'il a brièvement rencontré Beaufret à Paris, le 13 mars, devant Matignon, siège des services du Premier ministre. La preuve ? Jean Audouin l'attendait un peu plus loin, rue de Varenne, dans sa Mercedes. Mais Audouin dément : « Ce voyage rue de Varenne a été inventé. Je n'ai jamais vu Beaufret. Son intervention en faveur de cette affaire était normale, c'est sa non-intervention qui aurait été anormale (...). Je suis surpris de la précision des souvenirs de M. Trager et je lui envie sa mémoire. »

Après la mort de Laurent, Jean-Pascal Beaufret quittera le conseil municipal de Saint-Sébastien-sur-Loire. Van Ruymbeke, après avoir confronté Trager à Audouin, renoncera à lui demander des explications. Sans doute jugeait-il son dossier faible sur ce point. Il est vrai que Laurent et Picard, tous deux décédés, ne sont plus là pour témoigner. Begaud a disparu et les autres protagonistes perdent la mémoire... Pas simple, dans ces conditions, de se faire une idée de la destination des millions envolés. Finalement, personne ne sera inculpé.

Difficile, dans cette affaire, de se défaire de l'impression que certains élus en mal de financement n'hésitent pas à forcer la main des investisseurs, ni même à conclure des arrangements financiers politiquement contre nature pour toucher une commission.

Trager affirme qu'« on » lui a demandé, dans cette

opération, s'il était prêt à travailler avec la droite. Plus précisément avec l'UDF. De toute évidence, pour s'occuper des commissions du Continent de Mont-Saint-Aignan (banlieue de Rouen), une municipalité tenue par ce parti. L'ancien industriel ayant refusé, cet aspect des choses sera traité par Claude Boukobza et Claude Fitoussi, deux anciens collecteurs de fonds attitrés du Parti républicain, que l'on retrouvera bientôt dans un nouvel avatar des affaires Trager (voir chap. 10). Dans sa déposition, Jean Audouin confirme qu'il y a bien eu financement politique (550 000 francs) de la part de Continent à Mont-Saint-Aignan.

L'affaire, dans laquelle on retrouve aussi Begaud, donnera lieu aux rackets habituels, un procès et plusieurs condamnations. Au-delà des cas particuliers de Saint-Sébastien-sur-Loire et de Mont-Saint-Aignan, l'audition de Jean Audouin par Renaud Van Ruymbeke donne un aperçu des pratiques occultes communément en vigueur dans le secteur des grandes surfaces. Pressé par le magistrat, le PDG d'EMA ne manque pas, à l'occasion, de franchise. Extraits :

Le conseiller : « Avez-vous opéré à l'époque du financement politique ? »

Jean Audouin : « Il se peut qu'il y ait eu des financements politiques sans que l'on puisse dire qu'ils étaient liés à une autorisation donnée. »

Le conseiller : « Quels financements politiques ? »

Jean Audouin : « Des affiches, des publicités. »

Le conseiller : « Y a-t-il eu des versements ? »

Jean Audouin : « Je n'ai pas de souvenir précis. »

Le conseiller : « Y en a-t-il eu, oui ou non ? »

Jean Audouin : « Vraisemblablement, oui. »

Le conseiller : « Pour quelles raisons avez-vous versé 500 000 francs le 29. 05. 91 et 500 000 francs le 19. 12. 90 à l'Association nationale du PS ? »

Jean Audouin : « L'opportunité offerte par la loi de 1990 était une occasion de manifester la non-hostilité, sinon une sympathie envers la majorité en place, ce qui est pour nous intéressant. Si elle était de droite, je ferais la même chose à droite [1]. »

Le patron d'EMA ne s'en prive d'ailleurs pas. Il a, par exemple, « donné » 15 000 francs à la permanence du RPR de Metz, le 15 mai 1992. Pourquoi ? « On m'a dit que ce serait bien de faire un petit geste au moment des cantonales. Je l'ai fait parce que demain il peut y avoir des changements ». Voilà qui a le mérite d'être clair.

Enfin, comme Van Ruymbeke l'interroge sur le rapport entre les versements politiques et l'objet social de sa société, Jean Audouin répond : « Nous sommes en rapports directs et fréquents avec des fonctionnaires et des élus, surtout de haut niveau, qui sont de la majorité. » Pensez-vous que cela vous aide dans vos activités, demande encore le conseiller ? Le PDG d'EMA

---

1. La loi de 1990 sur le financement des partis politiques a permis le versement de contributions par le biais d'associations. Certains ont voulu voir dans cette formule la possibilité pour les élus de continuer, de façon officielle et déguisée, le trafic d'influence.

a alors cette réponse qui en dit long : « Ce n'est pas sûr. »

A la même époque, Trager joue les intermédiaires dans une autre affaire d'hypermarché, pour le plus grand profit d'un autre élu socialiste de la banlieue nantaise, Jean-Marc Ayrault, député-maire de Saint-Herblain [1]. Il s'agit, cette fois, d'un magasin Leclerc de 10 000 mètres carrés dont l'implantation est prévue dans la zone Atlantis, un vaste pôle commercial lancé par Ayrault [2]. Dans cette opération, l'intermédiaire s'est fait remettre 600 000 francs par Joseph Fourage, l'homme d'affaires local qui ouvre l'hypermarché. L'argent, qui servira au financement de la campagne électorale de Jean-Marc Ayrault, doit avoir pour contrepartie une fausse facture de la société taxi de Trager, la DEEP. Un habillage courant que semble pourtant ignorer le généreux donateur, comme en témoigne son interrogatoire, le 16 octobre 1992 :

M. Fourage : « Si j'ai donné cette somme c'est parce qu'on me l'a demandée. Cela n'a pu venir que de la SELA ou de la mairie (...). Il est possible que j'aie vu M. Trager, mais je ne m'en souviens pas. Il a bien fallu que je donne les deux chèques à quelqu'un. »

Le conseiller : « La DEEP a-t-elle réalisé des prestations pour Leclerc ? »

M. Fourage : « Je n'ai pas vérifié. »

---

1. Aux élections municipales de mars 1989, Jean-Marc Ayrault sera élu maire de Nantes.

2. Voir chap. 4, note 1, p. 87.

Le conseiller : « En a-t-il été question ? »

M. Fourage : « Non, je ne connaissais pas la DEEP. C'est aujourd'hui que je découvre que c'est du vent. »

Le conseiller : « Si je vous comprends bien, vous disposez de près de 600 000 francs pour les verser à une société que vous ne connaissez pas, pour une prestation que vous ignorez et dont vous découvrez aujourd'hui qu'elle n'existait pas ? »

M. Fourage : « Je pense que la prestation, je la connaissais, sinon je n'aurais pas donné (...). Mais je n'ai pas vérifié si cette prestation a été réalisée. »

Saint-Sébastien, Saint-Herblain, Saint-Aignan... Les trois saints n'y peuvent rien : le racket à l'hypermarché est devenu une telle routine qu'on finit, comme ici, par payer les yeux fermés. Incidemment, on comprend pourquoi le périmètre nantais est l'un de ceux qui comptent les plus fortes concentrations d'hypermarchés. Et pourquoi la France, nonobstant les règlements censés limiter le nombre de ces mastodontes et protéger l'environnement, détient des records en la matière [1] !

Ce passé d'âpres combines et de ruineuse corruption, ces élus aux dents longues, ces courtiers véreux et ces millions baladeurs : tout cela Renaud Van Ruymbeke ne le découvrira que bien plus tard. Lors-

1. On dénombrait 7 300 supermarchés et 945 hypermarchés en 1993.

qu'il abordera l'imbroglio des « affaires Trager ». Pour l'heure, au lendemain de la perquisition au PS, ce dossier-là n'est pas prioritaire. Le Nantais est toujours en prison et, avec les dossiers Urba et SAGES, le conseiller a de quoi faire ! Il en fait d'ailleurs tant que les socialistes vont bientôt sentir la nécessité de dresser des contre-feux face à ce magistrat qui leur fait vraiment peur.

Chapitre 6

Double jeu place Vendôme

« Sanction », « désaveu », « défaite historique ». En mars 1992, le résultat des élections régionales est sans ambiguïté pour le Parti socialiste. A un an des législatives, c'est un rejet populaire d'autant plus sévère que la participation a été élevée. Les socialistes n'obtiennent même pas 20 % des suffrages. Des régions entières passent à l'opposition. A cette déroute il y a bien des raisons. Mais les « affaires » ont pesé lourd, très lourd, dans la balance. Et le verdict des urnes confirme ce que les sondages laissaient présager. L'argent facile, le mensonge et l'impunité finissent par coûter cher. Le décalage entre propos vertueux et pratiques crapuleuses est devenu un gouffre dans lequel sombre la crédibilité des dirigeants. L'opinion, longtemps crédule, ne fait plus crédit. Et le cauchemar n'est pas fini !

Trois mois après la perquisition au siège du PS, l'instruction du conseiller Van Ruymbeke menace de tourner à l'hécatombe. SAGES, Urba, Trager : ces trois affaires n'ont pas fini d'empoisonner l'atmosphère, de révéler l'étendue des turpitudes financières, de jeter pêle-mêle les élus, petits ou grands, sur la place publique. Inexorablement, la montagne de documents que le conseiller et ses policiers ont accumulée depuis janvier au fil de leurs investigations, notamment dans les entreprises, se transforme en volcan. Jamais un seul magistrat n'a ainsi tenu entre ses mains autant de charges explosives, avec l'intention manifeste de s'en servir.

Rue de Solférino et boulevard Saint-Germain, le juge s'était offert une coupe parfaite du fonctionnement d'Urba et de la SAGES. Une moisson, dans laquelle on trouve des dizaines et des dizaines d'élus socialistes de l'Hexagone. Depuis, il a conforté sa position en menant son instruction au pas de charge, en perquisitionnant tous azimuts, en ratissant large. Dans cette première phase, sa stratégie a consisté à identifier le plus grand nombre de mécanismes et d'acteurs possible. Progressivement, ses dossiers se sont gonflés de noms et d'opérations dont les ramifications vont bien au-delà de son mandat initial et du département de la Sarthe. Tout un tableau de mœurs sort des profondeurs. Un tableau d'autant plus inquiétant pour les socialistes qu'il laisse entrevoir des pratiques illicites généralisées et systématiques que la règle d'or du silence avait permis d'occulter.

En montrant qu'Urba n'est pas la seule officine socialiste à pomper des commissions sur les marchés, le dossier SAGES ouvre une fameuse brèche dans la rhétorique du PS. En effet, comme s'il ne suffisait pas que de nombreux élus, déjà financés par Urba, aient profité d'autres escroqueries, il est clair que certains d'entre eux en ont tiré un avantage personnel, sous forme de cadeaux, voyages, salaires, menus travaux et avantages divers. Ces gestes, qui entretiennent l'amitié, sont souvent peu de chose, et seule une minorité est concernée. Il n'empêche que dans tous les cas — qui vole un œuf vole un bœuf — la loi et la morale sont transgressées par ceux qui, plus que tous autres, sont chargés de la faire respecter. Par analogie des révélations de ce genre risquent fort de discréditer la défense du PS fondée sur le discours de la « bonne » corruption, collective, désintéressée et à usage démocratique. Surtout que les rocardiens souvent présentés comme des paragons de vertu apparaissaient comme les principaux clients de la SAGES.

Ce n'est pas tout. Les documents saisis chez Michel Reyt montrent qu'en dépit des *mea culpa* et des promesses de rigueur — plus jamais ça — la loi de janvier 1990 n'a pas suffi à mettre fin aux financements frauduleux après le 15 juin 1989, la date limite que les législateurs-amnistieurs-amnistiés s'étaient fixée pour ne plus recommencer. En novembre 1991, le rapporteur de la Commission d'enquête de l'Assemblée nationale, Jean Le Garrec, résumait la situation en six petits mots : « Les pratiques occultes n'ont pas disparu [1]. »

1. A peu près à la même époque, une note de la Direction centrale des Renseignements généraux remise au ministère de l'Intérieur indiquait que les entreprises du BTP continuaient à être démarchées par les élus... pour qu'elles versent leur écot.

Autrement dit, la corruption se poursuit. On s'attendait à voir les intéressés protester mais à de très rares exceptions près personne n'éleva la voix. Ni à droite, ni à gauche, ni au centre. Un grand silence consensuel se fit en attendant que ça passe. Il est vrai que ce rapport maison se gardait bien de citer des noms. Les deux seuls coupables clairement désignés par les rapporteurs étaient le coût élevé des activités politiques et « les défaillances individuelles imputables à la nature humaine ». Sacrée nature humaine ! Il est clair, dans le cas présent, qu'elle a continué à faire des siennes et que de nombreux élus se sont remis à la merci de la justice. Mais cette fois, qu'il s'agisse d'enrichissement personnel ou du dépassement de la date limite, l'amnistie ne joue pas — ou, plus exactement, ne devrait pas jouer.

Comme si cela ne suffisait pas, une manœuvre de l'avocat de Michel Reyt va donner lieu à un sérieux faux pas. Début mars, à l'occasion d'une demande de remise en liberté faite auprès de la chambre d'accusation, Me Libman insiste pour que l'audience, habituellement tenue à huis clos, soit publique. Mal lui en prend. Non seulement Reyt est maintenu en prison, mais le contenu du dossier fait plutôt mauvais effet. Visiblement ravi de cette aubaine qui lui est offerte d'abattre son jeu, Van Ruymbeke promène son auditoire dans les arcanes de la SAGES et étale complaisamment les factures d'une surprenante imprécision — « Notre intervention, Nos services » — qui justifient des commissions atteignant parfois plusieurs millions. Puis, après avoir détaillé la fortune de son PDG, Van

Ruymbeke crée la sensation en révélant l'existence d'un dossier « Interventions », dans lequel Reyt notait ses démarches auprès de nombreux amis : maires, hauts fonctionnaires, députés et ministres. Le conseiller égrène quelques noms : Jean Poperen, Jean-Pierre Sueur, Michel Charasse, Jean-Pierre Soisson, Jean-Yves Le Drian, Guy Penne. Quatre ministres ! Sans autre précision. De ce côté-là, le magistrat laisse planer une part de mystère[1]. Par ailleurs, pour illustrer l'entregent de l'inculpé, il cite un courrier dans lequel Reyt sollicite l'intervention du chef de cabinet d'Henri Nallet pour la nomination d'un magistrat ami... Et ce n'est apparemment là qu'un début. Van Ruymbeke tient à le préciser : « L'enquête ne fait que commencer. »

Pour couronner le tout, on a compris à la Chancellerie que Van Ruymbeke fera le nécessaire pour que sa montagne de documents n'accouche pas d'une souris judiciaire. Avec lui, c'est clair, les lampistes ne seront pas les seuls à payer. Les délinquants en écharpe tricolore, grands bénéficiaires de ces trafics en tous genres, risquent de s'en tirer à moins bon compte que lors du procès de la SORMAE. Cette volonté têtue et cette progression hiérarchique de l'enquête n'ont pas manqué d'inquiéter en haut lieu. Mais rien ne semble pouvoir arrêter Van Ruymbeke, et les moyens de diversion sont rares. Les socialistes n'ont pas beaucoup

1. Seul Jean-Pierre Soisson prendra la peine de s'expliquer.

d'affaires de droite à se mettre sous la dent. En tout cas, rien de comparable à celles instruites par le magistrat rennais. Sur la soixantaine d'affaires qui font l'objet d'actions judiciaires dans toute la France, les siennes sont bel et bien les plus explosives.

Fin mars, alors que Van Ruymbeke est loin d'avoir fini d'éplucher les quelque 15 000 pièces accumulées dans ses dossiers, des confidences angoissées laissent entendre qu'il aurait déjà mis le doigt sur une centaine d'élus socialistes dans toute la France. Une trentaine seraient en première ligne. D'ailleurs, les inculpations et les requêtes commencent à tomber.

Dans le dossier Urba, le juge — on l'a vu — a inculpé, d'entrée de jeu, Pierre Villa, l'ancien adjoint au maire du Mans chargé des Marchés, et le secrétaire fédéral du PS, Jacques Jusforgues, pour faux, usage de faux et trafic d'influence. Il fait de même avec deux anciens délégués régionaux d'Urba. Fin mars, c'est au tour de Gérard Monate, le patron d'Urba, et de quatre autres responsables du bureau d'études. Le volet SAGES va, de son côté, produire sept inculpés. A commencer par Michel Reyt et Mme de Jomaron. Côté BLE, ce sera bientôt le tour du PDG de cette société, Gérard Vourch ; de Jacques Grosman, patron du GIFCO, le groupe de sociétés réputé proche du PC, puis de Robert Jarry, maire du Mans. Logiquement, le magistrat ne devrait pas s'arrêter là. Il a notifié à la cour les noms d'une dizaine d'élus et, comme il en a des dizaines d'autres dans ses procès-verbaux, il n'a que l'embarras du choix. Les preuves, apparemment, ne manquent pas. Bref, Van Ruymbeke a de quoi tourmenter les socialistes pendant longtemps. Ce qui ne devrait pas manquer d'alimenter l'interminable feuilleton dont se régalent les médias, et dont profite l'opposition, sans avoir à bouger le petit doigt.

Me Daniel Soulez-Larivière, avocat de Jean-Marc Ayrault, le maire de Nantes (et par ailleurs celui de Michel Noir de Lyon), résumera par une métaphore cruelle la situation des socialistes face au juge, au lendemain du vote-sanction de mars 1992. C'est celle d'un supplicié chinois à qui on coupe chaque jour un petit bout de chair, un orteil par-ci, une oreille par-là, et qui ne peut rien faire. Parce qu'ils sont piégés par une loi d'amnistie ratée, les socialistes, dit l'avocat, ne peuvent pas s'en sortir sans une nouvelle loi d'amnistie. C'est sans doute vrai dans l'absolu, mais, par les temps qui courent, ce serait politiquement suicidaire, du moins sous cette forme. Des petits malins — et il n'en manque pas parmi les conseillers du garde des Sceaux — vont donc tenter d'arriver au même résultat par d'autres moyens...

Début avril, les socialistes sont en plein dilemme : pour restaurer une image ternie par les affaires, ils doivent donner des gages de bonne foi à l'opinion et aux magistrats. Mais en même temps, il leur faut contrer Van Ruymbeke et dresser des contre-feux pour sauver le maximum d'élus. Le temps presse. A gauche, le moral est en chute libre et un vent de panique se lève du côté des députés. Après le fiasco de la politique Nallet-Kiejman, le pouvoir n'a pas trente-six solutions.

Le 8 avril, devant un parterre de députés interloqués, Pierre Bérégovoy crée la sensation en lançant solennellement une croisade contre la corruption, promue au rang de fléau national. Dans sa déclaration de politique générale, le nouveau Premier ministre, que François Mitterrand appelle au pire moment pour succéder à Edith Cresson, n'y va pas avec le dos de la cuiller. Avec le chômage et l'insécurité, la corruption fait partie des trois fléaux qui démoralisent la société française et auxquels son gouvernement va s'attaquer en priorité. Son diagnostic est apocalyptique. La France, dit celui qui fut longtemps son grand argentier, « souffre du règne de l'argent fou, comme si tout s'achetait pourvu qu'on y mette le prix ». Si le pays veut retrouver confiance en lui-même, il faut d'abord qu'il retrouve confiance en ceux qui le représentent et qui le dirigent. Il y a « urgence ». Pour sa part, il est résolu à « vider l'abcès de la corruption », à soutenir les juges « qui poursuivent la fraude sans autre passion que celle du droit ». Il lance même « haut et fort » cet avertissement : « Disons-le : qui attaque la justice attaque la République. » Et pour montrer qu'il n'entend pas se payer de mots, le Premier ministre ordonne au garde des Sceaux de « pousser les feux de la justice et du châtiment pour les coupables ».

Dans ce combat qui s'annonce herculéen, à l'instar du nettoyage des écuries d'Augias et de la lutte contre l'hydre, le Président pouvait difficilement être en reste. Quelques jours plus tard, il se montre donc, lui aussi, décidé à « faire cesser cette puissance de l'argent à tout prix, avec ses séductions ». Parce qu'il n'est plus possible pour le pays « de se laisser aller vers une domination de l'argent qui, naturellement, corrompt ». Lui aussi exhorte le gouvernement à « coopérer, sans la moindre réserve, à l'œuvre de justice ».

Que les deux plus hauts dirigeants de l'Etat donnent cette importance à la corruption, c'est — faut-il le préciser — sans précédent, dans un pays volontiers critique des manquements d'autrui mais toujours prompt à célébrer ses propres vertus. En faire une priorité parmi les priorités, c'est laisser entendre que tout est gangrené, que le mal atteint en France le niveau qu'il connaît dans les républiques bananières. Ou, plus près de chez nous, en Italie. C'est souligner que loin d'être un phénomène marginal, l'échange corrompu prospère au cœur de l'Etat. Peut-être même suggérer que le « modèle » français, avec l'imbrication des élites, le cumul des fonctions et le mélange des genres favorise le phénomène sans vraiment troubler les consciences. Bref, que c'est devenu la norme. En tout cas c'est dit et redit : l'argent noir, la fraude et les maîtres de l'argent sont partout. Dans la bouche du chef de l'Etat, le propos n'est pas très nouveau. Mais dans celle de l'ancien ministre de l'Economie et des Finances, qui a eu, pendant des années, des moyens uniques pour se faire une idée de la question, le constat a plus de poids.

Cela dit, ce constat c'est aussi, c'est surtout, le constat d'échec d'une décennie socialiste. Le fiasco éclatant du parti de la morale gangrené par l'argent et incapable d'inverser la tendance. Mitterrand et Bérégovoy en savent quelque chose. Les affaires ne les ont pas épargnés. Des proches du chef de l'Etat, ainsi que deux anciens directeurs de cabinet de Bérégovoy, sont inculpés dans des scandales financiers [1]. Des milliardaires douteux, des affairistes de tout poil ont leurs entrées dans les palais de la République, et on ne connaît pas encore l'histoire du prêt de Roger-Patrice Pelat, le grand ami du Président, dont la divulgation pèsera lourd dans la décision de Pierre Bérégovoy de mettre fin à ses jours, un an plus tard. Mais on sait que les liens noués avec des spéculateurs font bien du tort à l'image d'homme simple, modeste et compétent qu'il s'est forgée patiemment. Pour ces raisons, certains pensent qu'il n'est pas le meilleur choix pour prendre la tête d'une campagne : *Béré lave plus blanc.* D'ailleurs, lors de son discours à l'Assemblée, des cris venus des bancs de l'opposition ont fusé, méchamment : « Urba », « Naouri », « Boublil » et même « Tapie » qui vient d'entrer au gouvernement.

Après avoir converti les socialistes aux vertus du marché, Pierre Bérégovoy allait-il les convertir à la vertu tout court ? D'aussi fortes déclarations pouvaient

---

1. Alain Boublil, son directeur de cabinet aux Finances, de mai 1988 à janvier 1989, a été inculpé de délit d'initié dans l'affaire Pechiney. Il a été relaxé en première instance. Jean-Charles Naouri, qui fut son directeur de cabinet aux Finances de 1985 à 1986, a été inculpé, également de délit d'imitié, dans l'affaire de la Société Générale dont l'instruction est toujours en cours.

en tout cas le laisser croire, même si ses côtés autodisculpants n'échappaient à personne. C'était promis, c'était juré : le bras de la justice ne serait plus entravé. Et sur ce point, Michel Vauzelle, chargé de mettre en musique la nouvelle politique, ne craignait pas d'en rajouter.

Avocat, ancien porte-parole de l'Elysée, le nouveau garde des Sceaux trouve des accents révolutionnaires pour rappeler que « la République ne peut être fondée que sur la vertu et, en l'occurrence, l'incorruptibilité ». Placé en première ligne dans le combat anticorruption, le ministre fera « pleine confiance à la justice ». Et tant pis si cela ne plaît pas à certains. Aux politiciens qui seraient tentés d'interférer, le ministre, qui semble ici viser son propre parti, lance cet avertissement : « Il faut que la justice passe en toute indépendance. Si les responsables politiques se mêlent de la justice, les magistrats finiront par se mêler de la politique. Il n'y aura plus alors de séparation des pouvoirs. »

Ce catalogue de bonnes intentions a de quoi impressionner. Mais les magistrats, les premiers concernés, sont plutôt réservés. A cela, plusieurs raisons. D'abord, une douzaine d'années de promesses non tenues et de reniements les ont rendus méfiants. Ensuite, ce branle-bas de combat vient bien tard. Comme par hasard, quand le pouvoir est aux abois. Et puis, tout cela — cette urgence et ces propos du chef de l'Etat — rappelle tellement les grandes manœuvres déclenchées, en 1988 et 1990, sous la pression des scandales Nucci et Urba. Par ailleurs, il ne manque pas dans l'arsenal français de lois permettant de lutter contre la corruption. Pourquoi ne pas les appliquer au lieu de multiplier les effets d'annonce ? Enfin, les magistrats ont bien perçu, derrière la rhétorique, les limites de cette politique. Pour eux, le tour de passe-passe qu'elle va permettre de réaliser crève les yeux.

Un passage de la déclaration de Pierre Bérégovoy à l'Assemblée a donné le ton : « Toutes les procédures seront conduites à leur terme dès lors qu'elles révéleront des actes frauduleux commis à des fins d'enrichissement personnel. » Dès lors... tout est là ! Michel Vauzelle, après avoir abondé dans ce sens, traduira bientôt ce principe dans les faits. Le 20 mai 1992, dans une circulaire adressée à tous les procureurs de France, il précise les limites de la liberté accordée par le gouvernement aux magistrats en matière de lutte anticorruption. Les procédures en cours doivent permettre de « distinguer clairement les situations où apparaissent des indices précis d'enrichissement personnel de celles qui ne relèveraient que des pratiques, antérieurement considérées comme illicites, de financement d'activités politiques ». Dans le premier cas, les procureurs sont priés d'agir avec « célérité » et « fermeté ».

Feu à volonté sur l'enrichissement. Voilà, au bout du compte, à quoi se résumera la campagne lancée à grand fracas. A quelques cas d'enrichissement. Et pas les pires. La « mauvaise corruption » injustifiable, indéfendable va être publiquement condamnée. La Chancellerie sélectionne ainsi avec soin les bûchers sous lesquels elle va, comme le demande Pierre Bérégovoy, « pousser les feux de la justice ». Autrement dit, opérer un tri. Car il n'est pas question de mettre le feu à la maison ! On a promis des têtes au peuple, il en aura. Mais le moins possible. Et de préférence, pas trop couronnées. Pendant ce temps, de l'autre main, on va purger la grande majorité des dossiers délictueux. Tous ceux qui ont allègrement poursuivi le racket politique après la date fatidique du 15 juin 1989 prendront tout bonnement une voie de garage. Le tri de la Chancellerie va ainsi remplacer l'amnistie au coup par coup. Un bel escamotage ! Surtout si l'on se souvient que Pierre Bérégovoy était, à l'époque, sans ambiguïté sur ce point : « Pour les délits qui auraient été commis après la loi de 1990, le distinguo ne peut plus jouer : la justice doit passer. » Elle ne passera pas.

Des principes à la pratique, les « clients » du juge Van Ruymbeke sont les premiers à subir le baptême du feu de la nouvelle circulaire. Mais la « doctrine Vauzelle » n'a-t-elle pas été taillée sur mesure pour cela, à l'époque où le juge transmettait des requêtes concernant huit élus redevables à la SAGES de substantielles largesses ? Et ces documents, qui préfigurent souvent une inculpation, ne faisaient-ils pas apparaître un panachage d'argent politique et d'avantages personnels ?

Le tri de la Chancellerie aboutit, en mai, à l'ouverture d'informations judiciaires pour cinq élus : Jean-Yves Le Drian, maire de Lorient et ancien secrétaire d'Etat ; Jacques Floch, maire de Rezé ; Guy Briantais, maire de Courcouronnes (Essonne) ; Gérard Letailleur, maire de Petit-Couronne (Seine-Maritime) ; enfin Paul Allemand, adjoint au maire du Teil (Ardèche). Dans tous ces cas, le ministère justifie son choix par des présomptions d'avantages personnels : voyages, salaires, paiements divers. Conformément aux vœux du garde des Sceaux, la Cour de cassation renverra ces dossiers au conseiller Van Ruymbeke. Un sixième, concernant Robert Chapuis, maire du Teil et ancien ministre, viendra bientôt s'y ajouter.

Le partage conduit, d'autre part, à l'ouverture d'enquêtes préliminaires dans trois cas apparemment exempts d'enrichissement personnel. Ceux de Jean-Pierre Sueur, maire d'Orléans et secrétaire d'Etat dans le gouvernement Bérégovoy ; Jean-Marc Ayrault, maire de Nantes ; et André Pinçon, maire de Laval (Mayenne). Les requêtes concernant ces élus faisaient cependant apparaître l'existence de financements postérieurs au 15 juin 1989. Elles précisaient que tous étaient « susceptibles d'être inculpés de trafic d'influence dans l'exercice de leurs fonctions ». Donc d'un délit non amnistié. Pour le prouver, le juge souhaitait poursuivre l'instruction de tous les dossiers. Mais visiblement, ses arguments n'impressionnent pas les grands maîtres du tri.

Le partage ayant suscité quelques remous, le ministère de la Justice s'empressa de rappeler — suprême habileté — son caractère « purement technique ». En brandissant la circulaire du 20 mai, qualifiée par certains, place Vendôme, de « circulaire amnistiante[1] ». On ne saurait mieux dire. Non seulement certains dossiers étaient soustraits à la curiosité du juge, mais ils étaient mis à l'échelon le plus bas de l'investigation judiciaire et placés sous bonne garde. En effet, l'enquête préliminaire s'effectue sous le contrôle du garde des Sceaux qui, via le parquet, a seul le pouvoir de décider, en dernier ressort, de l'opportunité des poursuites. On illustre souvent le côté anodin de cette procédure en soulignant que les policiers chargés de l'enquête ne peuvent contraindre un témoin à déposer.

Pour contrer cette manipulation, il reste à Van Ruymbeke un ultime recours : l'envoi d'une copie des requêtes aux procureurs des sept tribunaux concernés par les faits. Au vu des charges ils peuvent, en principe, décider souverainement — sans prendre l'avis de la Chancellerie — d'ouvrir une information. Pas un ne le fera, dans l'immédiat[2].

« Ce n'est pas la mission de la Chancellerie de distinguer entre le bon grain et l'ivraie. Son tri s'apparente à un préjugement contestable qui ligote les

1. Cette circulaire à laquelle Franck Terrier, le directeur des Affaires criminelles du ministère de la Justice — il nous l'a dit lui-même —, était hostile a été largement inspirée par le directeur de cabinet du garde des Sceaux, Charles Barbeau, et le conseiller pour l'Action publique, Yves Charpenel, aujourd'hui procureur général à Fort-de-France (Martinique).

2. Le procureur de Nantes décidera finalement d'ouvrir une information judiciaire visant Jean-Marc Ayrault. En revanche, pour Jean-Pierre Sueur et André Pinçon, l'enquête préliminaire conclura à l'absence d'enrichissement personnel. Aucune information ne fut donc ouverte.

juges. » Le trublion qui met ainsi en question la doctrine officielle sait de quoi il parle. Avocat, chargé des questions de justice auprès de Laurent Fabius, défenseur de Jacques Floch et de Jean-Yves Le Drian, Jean-Pierre Mignard ne manque pas de titres pour parler. Et il ne mâche pas ses mots. Pour lui, ce tri est une fumisterie ; une simple mise à l'examen aurait permis de dissiper les soupçons pesant sur ses clients. De prouver, par exemple, que Jacques Floch n'a jamais effectué le voyage qu'on l'accuse de s'être fait offrir par la SAGES. Mais le maire de Rezé, déjà inculpé dans l'affaire Trager, est un parfait bouc émissaire. Le lâcher ne coûte pas cher au parti. Le Drian, un « deloriste », non plus ! Si ceux-là et quelques autres n'ont pas bénéficié du même traitement que Sueur, Ayrault et Pinçon, affirme Me Mignard, ce n'est pas qu'ils soient tellement plus corrompus que la majorité des élus, c'est que « certains sont intouchables, alors que d'autres peuvent plus facilement être jetés en pâture au juge Van Ruymbeke ». « Hier, ironise l'avocat, c'était la panique : comment arrêter le juge ? Depuis, le monde politique s'est adapté. On parle maintenant du bon usage de Van Ruymbeke. »

Cause toujours ! A la Chancellerie et au PS, où Mignard agace avec ses principes et ses états d'âme, on se frotte les mains. On a enfin réussi à limiter les dégâts. Le juge et l'opinion ont quelques os à ronger et cela devrait suffir à les calmer pour un certain temps. Mais on a eu chaud. Et plutôt deux fois qu'une. En effet, l'affaire des requêtes est tombée en plein dans l'imbroglio Tapie-Tranchant[1], et cette sombre arnaque qui a montré, elle aussi, jusqu'où pouvait aller la Chancellerie pour aider ses amis. La concertation entre Franck Terrier, directeur des Affaires criminelles du ministère de la Justice, et Bernard Tapie et ses avocats pour mettre au point une requête en suspicion légitime contre... le juge Edith Boizette, chargée du dossier, en dit long sur la prétendue neutralité de la Chancellerie et sur la séparation des pouvoirs[2]. Sans parler de la rhétorique, encore toute fraîche, de MM. Vauzelle et Bérégovoy en la matière...

En juin, les choses paraissent se calmer. Abrité derrière la ligne Maginot de la doctrine Vauzelle, l'état-major de la place Vendôme respire. Il pense avoir trouvé la parade. Mais sa stratégie est à hauts risques et sa satisfaction prématurée. Le calme, ici aussi, précède la tempête. Sur deux fronts la Chancellerie est bientôt débordée.

Chez les élus socialistes — premier front — la polique anticorruption du Premier ministre, pourtant bien modeste, provoque une levée de boucliers. Le fossé se creuse entre le pouvoir et des élus de plus en plus convaincus qu'au nom de la raison d'Etat François

1. Le député RPR des Hauts-de-Seine, Georges Tranchant — battu aux dernières élections législatives — reprochait à son associé Bernard Tapie d'avoir omis de lui verser son dû — 13 millions de francs — à l'occasion de la vente de Toshiba-France. Finalement, Tranchant retira sa plainte, et Tapie bénéficia d'un non-lieu.

2. Cette démarche était grotesque : n'étant pas à l'époque inculpé, Bernard Tapie ne pouvait de toute façon pas déposer une requête en suspicion légitime contre le magistrat.

Mitterrand et Pierre Bérégovoy — pas moins mouillés que le premier notable venu — veulent se refaire une virginité sur leur dos. Quitte à se faire les alliés objectifs du juge, à ouvrir la boîte de Pandore, à poursuivre les sacrifices. Après le premier tri, après la première charrette, à qui le tour ?

Tous ceux qui ont accepté des pratiques frauduleuses au nom de l'intérêt supérieur du parti — et qui ne l'a pas fait ? — se posent la question avec appréhension. Et ce n'est pas la diatribe de Marie-Noëlle Lienemann qui risque de les rassurer.

En mai, dans une interview au *Parisien libéré*, le ministre du Logement, connue pour son franc-parler et ses engagements militants, n'y va pas par quatre chemins. S'il veut se remettre de la corruption qui le ronge et retrouver sa crédibilité, le PS doit « faire le ménage » dans ses propres rangs. La justice doit pouvoir faire son travail. « Elle ne doit pas avoir le sentiment que nos propres amis seraient protégés. » Mme Lienemann, qui est maire d'Athis-Mons (Essonne), demande des actes, des sanctions. Pas un supplément de discours ou une énième « commission des sages » du genre de celle que Laurent Fabius vient justement de proposer. Dans la foulée, elle « cartonne » son voisin, Claude Germon, le député-maire de Massy, que Van Ruymbeke a dans sa ligne de mire. « Je me suis levée dans un congrès du PS pour dénoncer les pratiques de M. Germon. Je ne regrette pas que cela éclate. Il était temps ! » dit la jeune femme. Ancienne conseillère municipale à Massy, l'animatrice de la gauche socialiste sait de quoi elle parle. Le lendemain, le PS enrage. Mais il ne fait rien. Surtout pas le ménage dans ses rangs. Marie-Noëlle Lienemann en sera quitte pour une réprimande de pure forme de Pierre Bérégovoy. Et Germon, l'autocrate aux ambitions immobilières démesurées, pour une sale réputation.

Le second front est celui où Van Ruymbeke, floué par le tri de la Chancellerie, prépare une riposte pour la prendre à son propre piège. Puisque ces messieurs de la place Vendôme ne jurent que par l'enrichissement, et puisqu'ils ne renvoient que les dossiers entachés de corruption, il va se faire un plaisir de leur en fournir. Car il ne manque pas d'élus peu scrupuleux qui se sont fait entretenir par la SAGES. Ou, plus exactement, à qui Michel Reyt a procuré des avantages personnels grâce aux commissions des entreprises.

Le conseiller, qui a visité les agences de voyages utilisées par le PDG de la SAGES, n'ignore pas que de nombreux élus ont ainsi pu se balader, aux frais du contribuable, dans le vaste monde. Alors, comme on dit, il fait fort. Début juillet, Van Ruymbeke transmet une deuxième fournée de requêtes. Pas moins de trente élus socialistes. Quatre fois plus qu'en avril ! Cela va du maire d'Arras à ceux de Massy, Evry, Mâcon, Thiers, Issoire et Ostwald, en passant par l'adjoint au maire de Strasbourg et par une brochette d'élus des villes nouvelles de la région parisienne, grandes consommatrices de promotion et de béton. Pour faciliter la tâche de la Chancellerie, Van Ruymbeke a fait lui-même le tri. Il n'envoie que des cas faisant apparaître des avantages personnels. Tous inculpés virtuels. Brusquement, les enchères montent. Au PS, c'est l'affolement.

L'été et les lenteurs judiciaires aidant, il faudra trois bons mois pour qu'arrive la réponse. Mais quelle réponse ! En se plaçant dans la logique voulue par la Chancellerie, le conseiller escomptait un traitement similaire des dossiers de même nature. Cela semblait aller de soi. Pourtant, à voir le résultat, noir sur blanc, il est clair que la grille de lecture de Van Ruymbeke et celle du ministère de la Justice ne concordent pas. Ou si peu. Contre toute attente, le deuxième partage fait la part belle aux enquêtes préliminaires. Sur la trentaine de cas soumis, cinq seulement font l'objet d'une information judiciaire. Autrement dit, le juge en récupère un sur six ! Tous les élus ont bénéficié des mêmes « services », mais tous n'ont pas droit au même traitement. Pour la Chancellerie, c'est évident, certains sont plus égaux que d'autres devant la loi.

C'est ainsi que pour s'être fait payer par la SAGES un voyage de 150 000 francs aux Etats-Unis avec sa femme et son fils, un élu des environs de Paris, Guy Briantais, maire de Courcouronnes, se retrouve dans la catégorie des présumés enrichis. La Chancellerie applique ses critères. Par contre, Léon Fatous, maire d'Arras, à la demande de qui Michel Reyt a réglé une facture de 300 000 francs correspondant à un voyage d'élus de sa région aux Etats-Unis, bénéficie de l'enquête préliminaire. Un choix d'autant plus étonnant que ce voyage apparaît comme la « contrepartie d'une commission de 600 000 francs encaissée par la SAGES sur un marché de chauffage » passé avec la municipalité de l'élu en question. Visiblement, ici, la Chancellerie ignore ses propres critères. Et c'est loin d'être le seul cas de ce genre. Parfois, le ministère prend un malin plaisir à « saucissonner » le dossier ; il tranche à la tête du client, faisant payer plus cher un voyage en Autriche ou en Turquie qu'un séjour aux Antilles ou à la Réunion.

Au Teil (Ardèche) et à Massy (Essonne), des faits identiques (versements par la SAGES de salaires mensuels à deux adjoints au maire) donnent lieu à des décisions différentes. Dans le premier cas, Van Ruymbeke est saisi. Dans le second, la Chancellerie coupe la poire en deux : l'adjoint, Hubert Boucris, pourtant salarié à la demande de son patron, le député Claude Germon, est laissé entre les mains du juge alors que le maire s'en sort avec une simple demande d'enquête préliminaire. Un partage d'autant plus choquant qu'en France on instruit sur les faits *(in rem)* et non sur les personnes.

Grand ami de Michel Reyt et bâtisseur frénétique rêvant pour sa banlieue d'un destin européen, Claude Germon fait partie de ceux qui s'en sortent, pour le moment, à bon compte. Pourtant, s'il faut en croire Renaud Van Ruymbeke, de 1989 à 1991, la SAGES et Aravis ont facturé à des entreprises de travaux publics et à des sociétés immobilières la bagatelle de 13 millions de francs de commissions pour des marchés conclus avec la ville de Massy[1]. Les deux sociétés ont pris en charge des financements politiques au bénéfice de Claude Germon et de deux adjoints. Le nom du maire apparaît aussi sur les factures d'un traiteur payées par la SAGES.

Même chose pour le voisin et ami, Jacques Guyard, maire d'Evry et ancien ministre. A l'occasion de marchés conclus avec sa ville, la SAGES a perçu 9,5 millions de commissions, elle lui a aussi offert un voyage au Nicaragua. Mais de toute évidence, cela ne vaut pas pour la Chancellerie que Van Ruymbeke continue de s'occuper de lui. Le juge se retrouvera privé de la majorité des dossiers, mais il aura sa revanche. En 1993, un changement de procédure lui permettra de récupérer la plupart des élus qui lui avaient échappé en 1992. Et de les inculper.

En attendant, face à ceux qui la soupçonnent de renier ses propres critères, la Chancellerie va s'en sortir en répondant que le lien entre commissions et avantages personnels n'est pas toujours évident. Sans doute. Mais pourquoi retirer les dossiers à celui qui reste, de loin, le mieux placé pour rechercher la vérité ? Faut-il

1. On imagine ce qu'il en a été pendant toute une décennie de spéculation foncière et de travaux mirobolants auxquels ont participé les grands de l'immobilier et du BTP (Cogédim, Sari, Pelège, Bouygues, Sogea, etc.). Germon « a été pris d'un véritable délire urbanistique et il s'est engagé dans une spirale qui l'a conduit de détournements pour le parti à la constitution d'un magot personnel », déclarait Marie-Noëlle Lienemann à *L'Evénement du jeudi*, en mai 1992.

comprendre que le gouvernement, acculé dans ses derniers retranchements par des élus qui lui donnent sa légitimité, s'est finalement renié. Que les promesses faites par ses dirigeants quelques mois plus tôt ne sont plus de circonstance ? Que, contrairement aux exhortations de Marie-Noëlle Lienemann, il a choisi de protéger ses amis contre la justice. De faire passer la loi du clan avant les lois de la République. L'été 92, qui s'annonce chaud, va apporter l'éclatante démonstration de cet état de choses.

Chapitre 7

Un Congrès sauce béarnaise

Il a le sourcil noir, le regard inquisiteur et une réputation de battant. A quarante-huit ans, Henri Emmanuelli, béarnais d'origine corse, issu d'une famille modeste — un père électricien qu'il perdra à l'âge de douze ans, une mère femme de ménage —, n'est pas le premier socialiste venu. Depuis quinze ans ce militant chaleureux mais intransigeant a été successivement député des Landes, président du conseil général du département, secrétaire d'Etat aux Dom-Tom puis au Budget ; enfin, président de l'Assemblée nationale de 1992 à 1993, après avoir occupé le poste de trésorier du Parti socialiste de mars 1988 à janvier 1992. Il est aussi, parmi les dirigeants socialistes, l'un des préférés de François Mitterrand.

Ancien banquier — chez Rothschild — Emmanuelli a des opinions tranchées et n'a pas la langue dans sa poche. Il n'hésite pas à fustiger certains grands patrons, comme Jacques Calvet, le président de Peugeot, trop réactionnaire à son goût, qu'il invitait, il n'y a pas si longtemps, « à prendre des cours de formation ». Il ne se gêne pas, non plus, pour critiquer ses propres camarades. Laurent Fabius en sait quelque chose. En 1988, lorsque cet autre protégé du Président tente de s'emparer de la direction du PS, Emmanuelli, le fils du peuple, a ce mot cruel pour Fabius, le fils de famille : « On n'hérite pas du parti comme d'une Aston-Martin. » Son franc-parler et ses positions gauchistes ne lui valent pas que des amis dans son propre camp. Le député des Landes en fera l'amère expérience en 1990, lorsqu'il est battu pour la présidence du groupe socialiste à l'Assemblée nationale. Il reste, malgré tout, l'un des ténors du PS, au même titre que les Mauroy, Fabius, Rocard et Jospin, dont il est l'un des proches.

A la veille du Congrès extraordinaire de Bordeaux, qui doit se tenir les 9, 10 et 11 juillet 1992, Emmanuelli n'est pas chaud pour la cure de « renouveau » menée sous la houlette de Fabius, premier secrétaire et adversaire idéologique de toujours. De même, il entend profiter de la tribune pour brocarder, une fois de plus, la politique économique néolibérale conduite par Pierre Bérégovoy.

En vérité, c'est un drôle de Congrès qui se prépare. Une sorte de grand-messe triste qui doit chanter les louanges de Maastricht, mais qui survient au moment où les socialistes sont empêtrés dans les scandales. Fabius, Dufoix et Hervé pataugent dans le sang contaminé ; la croisade anticorruption bat de l'aile ; la saga Urba n'en finit pas. Après l'inculpation de l'ancien PDG de ce bureau d'études, Gérard Monate, par le conseiller Van Ruymbeke, de méchantes langues susurrent que le magistrat ne s'en tiendra pas là. Elles laissent entendre que d'autres inculpations vont bientôt suivre, à commencer par celle d'Henri Emmanuelli qui s'est intéressé de près, en tant que trésorier du PS, au fonctionnement d'Urba. Bref, quand on sait que Van Ruymbeke nargue par ailleurs la Chancellerie avec sa nouvelle charrette d'élus liés à la SAGES, on comprend que juillet commence plutôt mal pour les socialistes.

C'est dans ce contexte chargé qu'une étincelle médiatique va mettre le feu aux poudres. Citant des sources socialistes, *Le Monde* annonce, le 9 juillet, que la chambre d'accusation de la cour d'appel de Rennes, dont Van Ruymbeke est le bras exécutif, a décidé d'inculper le président de l'Assemblée nationale. Très vite, l'article provoque chez les socialistes une tempête de protestations aux dimensions nationales.

L'inculpation d'Henri Emmanuelli est un acte judiciaire grave, mais pas inattendu. Loin de là. Elle est, au contraire, dans la logique du dossier. En France, la loi est ainsi faite que pour entendre l'ancien trésorier le juge doit l'inculper et les signes annonciateurs n'ont pas manqué. D'ailleurs, à l'appui de ses révélations, *Le Monde* écrit : « La décision prise par le juge Van Ruymbeke était déjà parvenue à Paris par les voies qui sont celles de l'usage et de la courtoisie : les juges ne convoquent pas la veille pour le lendemain afin d'inculper un haut personnage de l'Etat ; ils font connaître par avance leur intention au parquet et à la Chancellerie. » Personne n'a jamais démenti. En fait, la Chancellerie a été informée plus d'un mois à l'avance. Malgré leur méfiance, Van Ruymbeke et son président, Dominique Bailhache, ont fait connaître leur décision au procureur général de Rennes, Jacques Brun, qui a transmis *illico* à la Chancellerie. Emmanuelli et ses avocats ont été avertis. C'est cela qui agite le petit monde des dirigeants socialistes, début juillet.

Dès le mois de mai, les principaux intéressés savent parfaitement bien ce qui va se passer [1]. Ils entament le compte à rebours en gardant le secret. Henri Emmanuelli étant couvert par son mandat de député, le juge ne peut pas lui notifier sa décision avant la fin de la session parlementaire, soit le 8 juillet à minuit. Mais les magistrats rennais, conscients de la proximité du Congrès et des polémiques que ne manquerait pas de déclencher une nouvelle « coïncidence » politico-judiciaire du type de celle survenue lors de la perquisition au PS, font en sorte que la notification d'inculpation parvienne à son destinataire après la tenue du Congrès, et non pas avant. Les stratèges socialistes ont-ils réalisé que ce contretemps allait les priver de la formidable machine de propagande que représentait le Congrès dans la bataille contre le juge ; que la France serait en vacances et la presse démobilisée lorsque l'avis finirait par arriver ; que l'argument de la « coïncidence » allait

1. L'un des avocats d'Emmanuelli, Gérard Welzer, fait partie du Comité de suivi, un groupe informel d'avocats proches du PS et de conseillers du garde des Sceaux chargés de faire régulièrement le point sur l'évolution des affaires.

tomber à l'eau ? Ont-ils habilement récupéré le coup par une fuite appropriée ? Ce que l'on sait, c'est que dans la soirée du 8 juillet — au moment clé — *Le Monde* va bénéficier de la fameuse fuite socialiste, et que sa publication, le lendemain, va déclencher la tempête.

D'entrée de jeu, les intéressés protestent contre cette « préinculpation par voie de presse ». Ils concentrent le tir sur le juge, accusé d'être à l'origine de cette information et de l'avoir programmée pour nuire, une fois de plus, aux socialistes. Pendant trois jours, dans les médias et à la tribune du Congrès de Bordeaux, les socialistes vont renverser les rôles et faire le procès de Renaud Van Ruymbeke. Haro sur le juge ! Pendant qu'il se tait, muselé par le devoir de réserve et le secret de l'instruction, les ténors du PS occupent bruyamment le terrain médiatique. Derrière eux, on martèle les mêmes arguments, on distille les mêmes soupçons, on projette les mêmes fantasmes. Face à cet homme qui leur fait peur et qui n'est pas là pour leur répondre, c'est le grand défoulement. Qu'importe la vérité ! L'occasion est trop belle.

Michel Vauzelle et Henri Emmanuelli feignent la surprise. Ils n'étaient pas au courant des intentions du juge. Enfin, pas vraiment ! Sur Europe 1, le garde des Sceaux affirme ne pas être au courant de ce qui peut bien se passer dans le cabinet d'un juge d'instruction, qui, comme chacun sait « est totalement indépendant ». Par conséquent, c'est *Le Monde* qui lui a appris « en grande partie ces nouvelles fort importantes, même si depuis des mois, ici et là, on annonçait, en effet, que le juge Van Ruymbeke avait l'intention de l'inculper ». A la même heure, sur Radio France, Emmanuelli, à qui on demande avec insistance s'il était informé à l'avance de la décision, finira par répondre « non ». Quant à ses avocats, Philippe Lemaire, Gérard Welzer et Patrick Maisonneuve, ils écrivent, peu après, dans une lettre adressée au juge, mais aussi destinée à la presse : « Cet article est soit sans fondement soit inspiré par une personne ayant été informée d'une intention que vous seul avez pu divulguer. Dans cette hypothèse, nulle autre personne ne pouvant connaître vos intentions, nous ne pouvons que nous étonner d'un tel procédé. » Etonnant syllogisme de la part de ceux qui, justement, connaissent les intentions du magistrat. Que celui-ci sorte de sa réserve pour affirmer qu'il n'est « absolument pas » à l'origine des informations du *Monde*; que de son côté le journal écrive : « La chambre d'accusation (...) avait su garder le secret, c'est en fait l'émoi des hautes sphères socialistes qui a ébruité la nouvelle », ne changera rien à l'affaire. Le procès du juge continuera a être instruit sur la place publique et, comble de l'imposture, Henri Emmanuelli portera plainte pour... violation du secret de l'instruction!

A Bordeaux, sous le coup de l'indignation, du verbe et de l'anathème le Congrès change de cap et se déchaîne. Fini Maastricht et les projets d'alliance électorale avec les Verts, la cause d'Henri Emmanuelli emporte tout sur son passage. Le héros du jour remplace l'ordre du jour. Vendredi après-midi l'affaire a commencé à faire du bruit dans les travées ; la colère s'est mise à monter. Des journalistes du *Monde*, pris à partie et mis à l'index, l'ont constaté à leurs dépens. Mais c'est le samedi 10 juillet, la journée réservée aux ténors, que le Congrès s'enflamme vraiment pour Emmanuelli. Dès son arrivée, en début d'après-midi, le président de l'Assemblée nationale est accueilli en héros. C'est sous les acclamations d'une salle tout entière debout qu'il longe l'allée centrale pour aller s'asseoir avec la délégation des Landes. L'ovation paraît interminable.

Le président de l'Assemblée nationale prend la parole peu après, face aux militants, pour un discours qui a tout du réquisitoire[1]. Il est victime d'un « procès politique », de « partialité », d'un « acharnement à exhumer le passé ». Il veut laver son honneur. Il en appelle au gouvernement pour qu'il modifie, de toute urgence, la procédure de l'instruction. Et cet homme qui vient, quelques jours auparavant, de présider solennellement les deux Chambres réunies à Versailles pour une modification de la Constitution récuse ouvertement la justice. Au passage il fera huer la presse et les magistrats. L'arrêt scandaleux, rendu quelques jours plus tôt dans l'affaire Touvier, lui permet d'évoquer à bon compte l'attitude de la magistrature française sous

1. Emmanuelli a imposé son intervention au moment le plus favorable, initialement réservé à Jacques Delors. Il a eu gain de cause après avoir menacé de quitter la salle et de tenir une conférence de presse pour dénoncer le manque de solidarité du PS...

l'Occupation : « Inculper un parti, cela ne s'était pas fait depuis 1941. » Emmanuelli fait « un malheur ». Il soulève les militants comme on soulève le peuple. La vraie, la seule légitimité. Pour un peu le ci-devant Van Ruymbeke serait cité à comparaître devant l'assemblée survoltée.

Derrière Emmanuelli le révolutionnaire, c'est la surenchère. Il est vrai qu'au point où on en est il devient risqué de ne pas en rajouter. Qu'on le veuille ou non, cet après-midi, le Congrès est celui d'Emmanuelli. La seule mention de son nom déclenche des salves d'applaudissements. Alors, bon gré mal gré, chacun y va de son couplet. A coups de grandiloquence, de langue de bois, tous volent au secours de la victoire. Sentencieux. Verbeux. Hypocrites. Comme il se doit en pareil cas.

Pour Laurent Fabius, « visiblement il y a là une manœuvre politique ». Pierre Bérégovoy « ne croit pas que la justice se grandisse en donnant le sentiment de vouloir politiser un dossier ». Michel Vauzelle veut « éviter que la République ne tombe dans le gouvernement des juges ». Jean Poperen (impliqué dans le dossier SAGES) voit dans tout ça « une opération politicienne de grande envergure ». Pierre Mauroy redoute « une nouvelle forme de maccarthysme »[1].

---

1. A l'époque des faits, Pierre Mauroy était, en sa qualité de premier secrétaire du PS et à ce titre, le supérieur d'Emmanuelli dans la hiérarchie des responsabilités. Il était le plus haut placé. Le juge ne l'a jamais inquiété.

L'ancien président du Conseil constitutionnel, Daniel Mayer, vieux militant des droits de l'homme, résume le sentiment général en qualifiant le juge, qu'il ne connaît pas, de « plus antisocialiste qu'anticorruption ». Lui aussi voit « derrière la publicité donnée à toutes ces affaires (...) une attaque contre la démocratie parlementaire ». Plus tard, Roland Dumas, ministre et avocat, s'en prendra aux « juges bavards et médiatiques » ; lui aussi évoque « un véritable complot contre la République ». Sans autre précision.

Les accusations pleuvent, sans aucune preuve. On se contente d'allusions et de rumeurs. D'ailleurs, tout en participant à la curée, certains cherchent à savoir, en coulisses, d'où — de quel clan, de quel courant — a bien pu venir la fuite ?... « Chez les dirigeants, tout le monde savait qu'elle ne venait pas du juge », nous diront plusieurs témoins.

Comment les militants, soumis à ce martèlement, ne seraient-ils pas convaincus qu'Emmanuelli est en vérité « l'innocente victime » d'un « noir dessein » visant le parti tout entier ? D'autant qu'à l'instar du Premier ministre, qui voit en lui « un parfait honnête homme », chacun salue sa probité. Ce n'est pas Emmanuelli qui confondrait sa poche avec celle du parti ! La pompe et les ors de ses fonctions ne lui ont pas tourné la tête. Dans la nomenklatura des apparatchiks socialistes il serait plutôt gauche-pâté que gauche-caviar. Ce n'est donc pas l'homme, mais le trésorier, victime de sa fonction et d'un système qu'il n'a pas inventé, qui est visé. La cause est entendue. A la tribune du Congrès,

Fabius confirme qu'il n'est pas question de marchander à Emmanuelli une solidarité franche et massive. Elle lui est tout acquise. Ce sera un pour tous et tous pour un. D'ailleurs, la devise va comme un gant au mousquetaire landais.

A l'ouverture des journaux télévisés de 20 heures, tout est prêt pour l'apothéose de cette mémorable journée : l'union sacrée autour d'Emmanuelli, héros-et-martyr-du-parti. Ce fut un grand moment. Un de ceux dont on dit, fièrement : « J'y étais. » Une communion fraternelle, un instant de grâce comme on n'en avait pas vu depuis longtemps. Sous les applaudissements, Jospin, Mauroy et Fabius, anciens et actuel premiers secrétaires, entourent l'ex-trésorier, soulignant ainsi que son inculpation est bien celle de « tout le parti ». On s'embrasse, on s'étreint. Emus, Lionel, Pierre, Laurent et Henri s'offrent longuement à l'ovation des militants et aux caméras. L'émotion est à son comble. Emmanuelli écrase une larme.

En faisant l'unanimité contre lui, Van Ruymbeke a réussi le tour de force de réconcilier les frères ennemis du PS. La voilà, sa contribution politique — bien involontaire — à la rencontre de Bordeaux ! Pour un peu, le Congrès prendrait fin sur cette apothéose. Pour un peu, oubliant le revers de la médaille et la descente de leur parti vers le bas du tableau, les militants sortiraient en entonnant le refrain des soirs de victoire : « On a gagné. »

Le bilan, c'est vrai, est inespéré. Surtout pour Emmanuelli, qui a solidement arrimé le PS à sa cause.

Lui qui redoutait d'être lâché, qui s'inquiétait des velléités moralisatrices de Matignon et de l'Elysée, le voilà rassuré. Mais si le député des Landes sort renforcé de l'épreuve, les socialistes, eux, n'ont pas fini d'en faire les frais. Gouvernement en tête. En effet, par bien des aspects, les résultats du Congrès n'ont rien de bien glorieux. D'abord, on a vu jouer, à Bordeaux, ce réflexe autoritaire et brutal des hommes de pouvoir que la gauche reprochait naguère à la droite. On a vu la conception purement instrumentaliste de certains vis-à-vis de la presse et de la justice. Van Ruymbeke et le journaliste, voilà l'ennemi ! On a vu jusqu'où des élus de la République peuvent aller — à la limite du lynchage médiatique — pour échapper à leurs responsabilités et rejeter toute critique pour discréditer la justice. Que le gouvernement engage une bataille d'opinion pour limiter les dégâts des « affaires », soit. Mais tous les coups sont-ils permis ? En pleine empoignade, Henri Emmanuelli rappelait, fort à propos, que dans un Etat de droit tout inculpé est présumé innocent. Mais pourquoi ne pas avoir fait bénéficier Van Ruymbeke de ce principe ? Pourquoi avoir fait exactement le contraire alors qu'on le savait innocent !

Dans ces moments difficiles, le juge s'est-il remémoré la vindicte dont il avait déjà été l'objet, plus de dix ans auparavant, dans l'affaire Boulin ? A l'époque, c'est la droite qui le clouait au pilori, à coups de sous-entendus venimeux. Décidément, le changement n'a rien changé !

Ensuite, comment ne pas rapprocher la solidarité

bruyamment affichée à l'égard d'Emmanuelli de l'ingratitude et du silence observés à l'égard des fantassins d'Urba. Dans un système où le politique contrôlait le financier, ces seconds rôles étaient-ils plus responsables que les premiers ? Evidemment pas. Pourtant, lorsque ces subalternes ont été épinglés, les politiques ont choisi de jouer les Ponce Pilate. En 1990, Gérard Monate n'avait pas de mots assez durs pour railler cette dérobade : « Pour Mitterrand j'ai le sida », déclarait-il à *L'Express*. Et il mettait les points sur les *i* dans *L'Evénement du jeudi* : « A la direction du PS, seul Jean Poperen a pris ma défense[1]. Je n'ai plus revu Henri Emmanuelli qui avait sans doute des raisons de paniquer. Mauroy a rompu le contact à la veille de mon inculpation (...) Fabius à son habitude s'est défilé (...) Pierre Joxe a laissé ses flics traiter mes collaborateurs de Marseille comme les pires truands, sans même me prendre au téléphone : Joxe a sans doute oublié le trésorier vorace qu'il fut au PS. »

Enfin et surtout, en refaisant leur unité sur le dos du juge, les socialistes prenaient le risque de discréditer les engagements pris solennellement par Pierre Bérégovoy, François Mitterrand et Michel Vauzelle. Et du même coup, celui d'aggraver leur contentieux avec la magistrature dans son ensemble. De ce côté-là, la riposte n'allait pas tarder. Ce sont d'abord les syndicats de

1. Seul dirigeant, par ailleurs, à avoir manifesté son amitié à Michel Reyt, lorsqu'il était incarcéré.

magistrats qui donnent de la voix à Paris contre ce Congrès de vindicte et de rumeurs ; mais c'est surtout à Rennes que la colère gronde. Les conseillers de la chambre d'accusation ont très mal pris les déclarations de Michel Vauzelle et Henri Emmanuelli jouant la surprise et affirmant avoir tout appris à la lecture du *Monde*. D'où la riposte cinglante de leur président.

« Depuis de nombreux mois, écrit Dominique Bailhache au procureur général de Rennes, nous avons tenu, M. Van Ruymbeke et moi-même, à vous informer du déroulement de la procédure (...) en ce qui concerne notamment l'éventuelle inculpation de M. Emmanuelli, en sa qualité de trésorier du PS (...). Or, encore une fois, les informations que nous vous avons communiquées et qui ont été transmises à M. le garde des Sceaux et à la Chancellerie ont été divulguées à la presse à des fins qui paraissent désormais évidentes, puisque l'honnêteté et l'impartialité de la chambre d'accusation, et notamment de M. Van Ruymbeke (...) sont directement mises en cause. » Puis vient l'estocade : « Compte tenu des entretiens que vous avez eus dans les semaines passées avec Monsieur le garde des Sceaux, vous avez pu vous rendre compte que bien des déclarations faites autour de cette affaire sont délibérément contraires à la vérité. Je tenais, au nom de toute la chambre, à vous faire part de mon indignation. » Chacun aura compris : le rôle de la Chancellerie n'est pas innocent dans la fuite du 8 juillet ; quant au procureur général il s'est prêté à une manipulation et son silence est complice.

Au bout du compte, dépouillé de sa rhétorique et de ses artifices médiatiques, le bilan de l'intermède bordelais n'est pas brillant. Il est même désastreux pour Pierre Bérégovoy et Michel Vauzelle. Difficile, en effet, de rester crédible quand on lance, en avril, des mises en garde du genre : « Qui attaque la justice attaque la République », et qu'on joint sa voix, trois mois plus tard, à celles qui l'attaquent. Surtout quand on est ministre de la Justice ! En juillet, le peu de crédit qui restait au gouvernement en la matière a sombré dans le sillage du Congrès.

La trêve estivale sera brève. Une nouvelle « fuite », suivie de l'inculpation d'Henri Emmanuelli, relance bientôt l'épreuve de force entre le juge rennais et le président de l'Assemblée. En juillet, celui-ci s'était étonné du calendrier fixé pour son inculpation (du 8 au 14 septembre) étant donné la proximité du référendum sur Maastricht ; il y voyait, une fois de plus, une fâcheuse coïncidence. Pourtant, le 24 août, le conseiller prend la peine d'écrire à l'ancien trésorier pour lui proposer de repousser la date. Et comme il a été piégé en juillet par sa hiérarchie, il croit prudent d'ajouter : « Dans un souci de confidentialité, le procureur général de la cour d'appel de Rennes ne sera pas informé. » Par retour de courrier, Emmanuelli décline sèchement l'offre du magistrat. Il ne demande aucun égard dû à son rang. Quant au souci de confidentialité de Van Ruymbeke, il le trouve « assez peu compatible avec l'indécent et formidable tapage médiatique auquel a donné lieu (sa) préinculpation par voie de presse ».

Par un hasard qui n'est sans doute pas innocent, ces lettres parviennent à Antenne 2 qui en fait état. Dans l'heure qui suit, Emmanuelli porte plainte contre X pour violation du secret de l'instruction. Pour faire bonne mesure, on annonce publiquement que la lettre de Van Ruymbeke est transmise au Conseil supérieur de la magistrature. Afin qu'il dise, ce qui n'est pas vraiment de sa compétence, si le magistrat a eu un comportement « normal » en ne prévenant pas le procureur général. Plus que jamais, le juge Van Ruymbeke est traité en ennemi. Mais il tient bon, et le hasard change parfois de camp...

Le 14 septembre, à quelques heures de son face-à-face avec Emmanuelli, le conseiller reçoit un coup de pouce médiatique imprévu. Michel Reyt, qui n'a rien d'un enfant de chœur, lui rend hommage à la une du *Parisien libéré*. Reyt qui doit à Van Ruymbeke six mois de prison, n'est vraiment pas rancunier. Masochisme, marchandage ou précaution d'un homme qui sait qu'il n'en a pas fini avec la justice ? En tout cas, dans sa villa d'Arradon, le patron de la SAGES, qui a été libéré trois jours plus tôt, évoque « un juge d'une intégrité remarquable (...) un travailleur méticuleux et précis ». C'est vrai, l'homme a un côté « très dur », qui fait même penser à « une machine ». Mais une machine humaine. On apprend ainsi que Van Ruymbeke est plein d'attention pour

Reyt lors des interrogatoires. « C'est souvent lui qui décidait le break, dans le seul souci de ménager ma santé », se souvient le sémillant sexagénaire ému par tant de sollicitude. Difficile, après ça, de peindre le magistrat sous les traits d'un inquisiteur insensible et glacé. Alors qu'Emmanuelli entreprend l'humiliant voyage à Rennes pour se soumettre à la justice, voilà des louanges qui pouvaient difficilement mieux tomber pour le juge.

Le passage du président de l'Assemblée nationale dans la capitale bretonne se déroule en deux temps : visite discrète chez le conseiller puis contre-attaque médiatisée. Pour empêcher toute prise de vues de nature à illustrer la situation d'inculpé du quatrième personnage de l'Etat, plusieurs dizaines de policiers ont été postés aux abords du palais de justice, dont l'accès est interdit aux journalistes. Venu en voiture, Emmanuelli entre discrètement par l'arrière de l'ancien parlement de Bretagne, ce bastion historique de juges frondeurs [1]. Renaud Van Ruymbeke, comme tous les jours, est arrivé à pied, par la grande porte. Il est à l'heure, Emmanuelli nettement en retard. Les deux hommes restent seuls, face à face, une vingtaine de minutes. Le dirigeant socialiste ressort tout aussi discrètement qu'il était entré. A ceci près qu'il est maintenant inculpé de recel et complicité de trafic

---

1. En 1554, la ville de Rennes devient le siège du parlement de Bretagne, farouchement hostile aux ingérences du pouvoir royal.

d'influence. Certes l'ancien trésorier est présumé innocent. Mais pour l'opinion, pour les socialistes, pour la République, quel message ! Quel symbole !

Après avoir été tenue à distance, la presse est conviée dans les salons d'un traiteur réputé, pour entendre la version Emmanuelli de l'entretien. Le Béarnais a mis les choses au point, pourfendant l'argumentation du magistrat et récusant les chefs d'inculpation qui « ne reposent sur aucun élément ». Le juge refuse de reconnaître la gestion autonome d'Urba et de Gracco. C'est pourtant simple, soupire l'ancien trésorier, ces sociétés prenaient en charge une partie des frais du PS, mais elles n'ont jamais eu « aucune relation hiérarchique » avec lui. Quant au trésorier, « il n'a jamais eu connaissance des activités d'Urba dans tel ou tel département ». Ainsi va, dans ce tandem politico-financier, la division du travail et des responsabilités. Emmanuelli répète à l'envi que le dossier est vide ; si vide que le magistrat déploie de grands efforts auprès des témoins pour qu'ils l'impliquent, lui Emmanuelli. Dans ces conditions, il était normal qu'il refuse de signer le procès-verbal.

Le président de l'Assemblée poursuivra dans la même veine lors de son premier et seul interrogatoire. Trois heures de dialogue de sourds et d'animosité plus ou moins bien contenue.

Comme on pouvait s'y attendre depuis le Congrès de Bordeaux, le Parti socialiste se range massivement aux côtés d'Emmanuelli. Solidarité oblige, 46 personnalités socialistes demandent au juge de les inculper *in solidum* aux côtés de leur ancien trésorier. Le geste est médiatique, il met du baume au cœur des socialistes, mais sur le plan judiciaire il ne sert à rien, sauf à jeter un peu plus d'huile sur le feu. Or, non seulement cette escalade n'a pas réussi à déstabiliser le juge, mais il est douteux qu'elle y parvienne un jour. Le message implicite d'Henri Emmanuelli : inculper un homme politique de mon rang, c'est faire de la politique, a de plus en plus de mal à franchir la rampe. En revanche, son obstination finit par passer pour de l'acharnement et à placer le juge en position de victime. Par rapport à la stratégie du PS, c'est le monde à l'envers ! Dans ces conditions, la poursuite du battage médiatique qui lui a tant servi se retourne contre Emmanuelli et contre son parti.

Dans le monde judiciaire, la cause est entendue. Après ces nouvelles péripéties, les syndicats accusent une fois de plus la classe politique de mettre la démocratie en danger. Quant au Conseil supérieur de la magistrature, il oppose bientôt à Emmanuelli et ses avocats qui l'avaient saisi une fin de non-recevoir, en soulignant au passage le caractère ambigu de cette démarche fortement médiatisée. C'est l'arroseur arrosé. Chez les socialistes eux-mêmes, ce forcing d'Emmanuelli et du parti désespère ceux qui pensent (tout bas) que la poursuite de l'affrontement avec Van Ruymbeke est véritablement suicidaire, à six mois des élections. D'autant qu'à ce stade de l'affaire un dessaisissement du magistrat, à supposer qu'il soit possible, serait pire que tout [1]. Ceux-là regrettent qu'Emmanuelli et le parti n'aient pas choisi l'apaisement, comme vient de le faire, par exemple, Jean-Claude Boulard. Placé dans une situation analogue, le député de la Sarthe s'est entendu avec le juge pour reporter la date de son inculpation. En fait, tout se passe comme si le PS, pris dans l'engrenage de la solidarité, était devenu l'otage de son ancien trésorier.

Un responsable socialiste, un seul, se désolidarisera publiquement de cette stratégie étroite et obstinée de la tension [2]. Alors que ses camarades volent comme un seul homme au secours d'Emmanuelli, l'avocat Jean-Pierre Mignard — encore lui ! — se démet de ses fonctions de délégué à la justice auprès de Laurent Fabius. A l'heure où « les procès d'intention se succèdent et où l'esprit critique a cédé la place à l'anathème », il lance un appel au cessez-le-feu et plaide pour la confiance mutuelle. « Au lieu de se rebeller contre les juges, il serait judicieux de se rebeller contre la procédure française qui stigmatise ceux auxquels des explications sont demandées. » Mais les socialistes peuvent-ils encore faire la paix ? Il est bien tard, et

1. Il paraît même totalement impossible : il faudrait que la Cour de cassation dessaisisse la chambre d'accusation dans sa totalité, puisque c'est elle qui mène l'instruction. Le conseiller Van Ruymbeke est en effet délégué par cette institution dans les fonctions d'instructeur.

2. Quelques socialistes regretteront « la pauvreté des arguments et l'indigence du débat d'idées », côté socialiste, dans cette affaire.

Emmanuelli est allé trop loin. Mignard ne sera pas prophète en son parti. Loin de là. Certains, enfermés dans un manichéisme primaire, lui reprocheront de faire le jeu du juge.

Peu après la démission de Mignard, Van Ruymbeke est à nouveau la cible des tirs nourris de l'équipe d'Emmanuelli. Mais ce ne sont plus là que des combats d'arrière-garde. L'instruction du dossier Urba-SAGES-BLE est virtuellement terminée. Bientôt, après avoir résumé ses investigations, il bouclera son dossier. S'il est vide, comme l'affirme le président de l'Assemblée, c'est un vide bien rempli. On y trouve, bien sûr, les nombreux rappels indispensables en pareil cas. C'est la loi du genre. Cela étant, jamais le fonctionnement des officines de financement de la gauche n'avait été exposé de façon aussi détaillée, aussi convaincante.

Van Ruymbeke estime que son dossier est si peu vide qu'il le transmet, en janvier 1993, au parquet général, un an après le début de son instruction, avec 21 inculpés. A la veille des élections législatives, la Chancellerie fera le forcing pour qu'Emmanuelli bénéficie de réquisitions de non-lieu. Mais là encore la manœuvre échouera face à la détermination de la chambre d'accusation. Le 8 juillet, cette dernière renvoie Emmanuelli et ses coïnculpés devant le tribunal correctionnel de Saint-Brieuc.

Pour la première fois depuis le début de l'affaire Urba un représentant éminent du parti au pouvoir va être jugé. Un coup sévère pour le PS. A peine Emmanuelli apprend-il cette décision qu'il annonce solennellement sa décision de se démettre de son mandat de député et de se représenter devant ses électeurs, lors d'une conférence de presse à l'Assemblée nationale. Accablé, la voix brisée par l'émotion, il évoque à nouveau l'attitude des magistrats rennais qui ont agi, selon lui, « sur la base d'une construction juridique de circonstance ». Celui qui désormais n'est plus que l'ancien président de l'Assemblée nationale a beau expliquer que « devant un tel acharnement, il ne peut rester passif », que dans son esprit « le suffrage n'a pas vocation à se substituer à la justice », il ne convainc qu'à moitié. Même si son geste est empreint d'un certain panache. Réélu dès le premier tour à l'Assemblée, le 19 septembre, Emmanuelli est à nouveau rattrapé par son passé de trésorier du PS trois jours plus tard, dans un autre avatar de l'affaire Urba [1]. Une

1. Selon la nouvelle terminologie en vigueur depuis le 1er mars 1993, Henri Emmanuelli est mis en examen pour recel et complicité de trafic d'influence, dans l'affaire du tunnel Prado-Carénage, instruite par le président de la chambre d'accusation de la cour d'appel de Lyon, Henry Blondet. Ce dossier, révélé par l'enquête de l'inspecteur Antoine Gaudino, mais longtemps freiné par la Chancellerie, met une nouvelle fois en cause Urba, soupçonnée d'avoir reçu, en 1989, une commission de 5,7 millions de francs de l'entreprise Borie-SAE, lors de la construction du tunnel Prado-Carénage, reliant Fos à Toulon. 80 % de cette somme aurait été rétrocédée à trois élus socialistes marseillais : Michel Pezet, Philippe Sanmarco et Pierre Rastoin, tous trois inculpés de recel de trafic d'influence et complicité. Au total, une cinquantaine de personnes sont mises en cause. Le prédécesseur d'Henri Emmanuelli à la tête de la trésorerie du PS, André Laignel, sera, lui aussi, mis en examen.

occasion de plus pour le président de la République de venir au secours de son protégé, en déclarant : « C'est un honnête homme que l'on n'arrête pas de poursuivre. »

Chapitre 8

Influence et tiroirs-caisses

« Un procès purement politique. » « Un dossier totalement vide. » Le samedi 3 octobre 1992, dans les salons rococo de l'hôtel Lutétia, à Paris, les avocats d'Henri Emmanuelli, Patrick Maisonneuve, Gérard Welzer et Philippe Lemaire, relancent la polémique devant une poignée de journalistes. Pour justifier leurs critiques, ils ont généreusement distribué des copies du procès-verbal de l'interrogatoire d'Emmanuelli, conduit, deux jours plus tôt, à Rennes, par le conseiller Van Ruymbeke.

Selon les avocats, le président de l'Assemblée n'a pas cessé, pendant cette confrontation, de demander au magistrat quelles étaient les charges permettant « d'établir un lien direct et personnel » entre lui, Henri Emmanuelli, « et les commissions perçues à l'occasion de marchés passés dans la Sarthe » par Urba. En vain. Les trois heures et demie d'audition, et le procès-verbal qui les résume, illustrent surtout un dialogue de sourds. Face au magistrat qui rappelle les liens du PS et d'Urba et souligne le rôle clé du trésorier, Henri

Emmanuelli oppose avec obstination trois arguments. D'abord, contrairement au magistrat, il ne voit pas « l'existence d'un lien direct et personnel » entre sa personne et la perception de commissions par Urba dans la Sarthe. Ensuite, il a déjà répondu à ce genre de questions en juin 1991, devant la Commission d'enquête parlementaire sur le financement des partis. Enfin, il accuse le conseiller d'avoir une démarche purement politique. Refusant de sortir de ses retranchements, l'ancien trésorier s'en tiendra à cette ligne de défense, exprimée fermement dès leur première entrevue, le 14 septembre. Il ne veut pas se laisser entraîner dans le dossier et ne se sent visiblement pas tenu de rendre des comptes à la justice. Ce sera le seul interrogatoire. Après une telle séance, le conseiller décidera de ne pas renouveler l'expérience.

Cela dit, depuis le temps qu'ils vont répétant les mêmes accusations contre le magistrat, à chaque avancée de sa procédure, pourquoi Emmanuelli et ses avocats n'ont-ils pas saisi la Cour de cassation d'une requête en suspicion légitime à son encontre ? Parce que, rétorquent les intéressés : « nous n'avons rien de personnel contre lui *(sic)*, et parce que nous ne voulons pas en faire un martyr ».

Van Ruymbeke n'a pas pour habitude de polémiquer. Il a montré qu'il préfère agir. Et sur l'accusation de « dossier vide », il ne va pas tarder à répondre à sa façon. Début novembre, en 120 pages de synthèse, appelées « récapitulatifs » dans le jargon judiciaire, il expose l'organisation des bureaux d'études Urba,

SAGES et BLE, ainsi que leurs objectifs, indiquant au passage les bénéficiaires de leurs retombées financières.

Après l'enquête marseillaise de l'inspecteur Gaudino, limitée aux activités d'Urba, l'instruction du conseiller rennais offre la première synthèse d'envergure sur le recours aux bureaux d'études dans le financement des partis politiques. De la perquisition de janvier 1992 au siège du PS jusqu'au bouclage du dossier, en novembre, en passant par l'inculpation d'Emmanuelli, en septembre, il lui aura fallu moins d'un an pour mettre à plat les activités occultes des trois pompes à finances. Jamais, depuis la révélation des cahiers Delcroix et le procès des fausses factures du Sud-Est (l'affaire SORMAE), le fonctionnement de telles officines n'a été mieux exposé qu'à travers l'exemple sarthois. Certes, bon nombre de mécanismes sont connus. Mais l'aspect racket de ces entreprises, par le biais de prestations fictives, n'avait jamais été aussi bien illustré. C'est là le point essentiel de ce long document.

Urba, d'abord. « Les marchés publics concernés, explique Renaud Van Ruymbeke, dépendaient des collectivités locales : communes, communautés urbaines, conseils généraux, mais aussi des sociétés d'économie mixte. On trouve également des ministères, par exemple le nouveau ministère des Finances à Bercy (facture CLESTRA de 2 515 000 francs hors taxes du 8 juin 1989). » Les commissions étaient perçues « soit ponctuellement (lors de l'obtention d'un marché), soit sous forme de rentes durant des années (pourcentage sur le chauffage urbain, sur la collecte des ordures ménagères...). Les contrats étaient le plus souvent nationaux ». Un système que l'on retrouvera à la SAGES et chez BLE.

« Nos contrats nous liaient à des entreprises nationales que nous introduisions dans notre réseau », expliquera Jean-Jacques Gastebois, ancien directeur d'Urba-Gracco. Le montant des commissions, « variant entre 3 % et 5 % des marchés », est très divers. Les unes « se chiffrent par dizaines de milliers de francs, d'autres sont infimes (quelques dizaines de francs sur la livraison d'extincteurs), et d'autres encore fort importantes (par exemple, convention d'affermage du service d'eau potable de la ville de Rennes avec la Compagnie Générale des Eaux CGE : 5 millions de francs hors taxes[1]) ».

Le conseiller résume : « Créées par le Parti socialiste, les sociétés Urba et autres n'avaient d'autre finalité, déduction faite des frais de fonctionnement (40 % du chiffre d'affaires), que d'alimenter le parti (60 % du chiffre d'affaires, soit 30 % aux élus locaux et 30 % au " national "). C'est la règle du 30-30-40. » Le cas de la Sarthe illustre d'autant mieux ce qui précède que le partage des marchés correspond, à l'évidence, à un partage d'influence entre les communistes, contrôlant la ville du Mans, et les socialistes qui tiennent la

1. Il s'agit d'un contrat, passé avec la municipalité socialiste, d'une durée de quinze ans. En novembre 1993, des critiques ont été émises à propos du renchérissement du prix de l'eau à Rennes.

Communauté urbaine (CUM). « Pour éviter les accrochages avec le maire communiste du Mans, Robert Jarry, j'avais demandé qu'Urba ne travaille pas sur la ville », précisera d'ailleurs Pierre Villa, l'ancien adjoint (PS) au maire. Le Mans est une chasse gardée de BLE. Ce qui explique, selon Van Ruymbeke, que « les marchés publics ayant donné lieu à facturation par Urba-Gracco ont quasiment tous été traités avec la Communauté urbaine du Mans, présidée par le député socialiste Jean-Claude Boulard ».

Le magistrat s'attache ensuite à prouver le caractère fictif des prestations invoquées pour justifier les commissions. Aux affirmations de Gérard Monate, PDG d'Urba, et d'André Laignel, ancien trésorier du PS, pour qui « Gracco et Urba rendaient un réel service commercial », il oppose ce constat : « La plupart » des chefs d'entreprise entendus par les enquêteurs du SRPJ de Rennes « ont déclaré qu'en réalité Urba et Gracco ne leur avaient fourni aucune assistance commerciale et que le versement de ces commissions leur ouvrait des portes auprès des décideurs politiques ».

En guise de démonstration, Van Ruymbeke cite une série de témoignages : « Je savais, évidemment, que Jarry, maire du Mans, était du Parti communiste, et M. Boulard, président de la CUM, au Parti socialiste. C'est la raison pour laquelle j'ai accepté les offres d'Urba et de BLE », constate un patron de PME qui a dû alimenter les deux bureaux et qui s'écrie : « C'est du racket ! » Un autre reconnaît qu'« Urba, pas plus que BLE, ne nous a remis de documents de travail style études, rapports ou autres ». Un troisième résume leur dilemme : « Nous avons dû choisir entre les deux maux : alourdir nos frais commerciaux en traitant avec eux ou voir s'échapper certains marchés... »

Sur ce point, le témoignage de Pierre Villa paraît sans appel : « Les entreprises nationales savaient qu'Urba-Gracco disposait d'un réseau national soutenu par le Parti socialiste. Si elles ne contribuaient pas dans la Sarthe, elles risquaient de perdre des marchés ailleurs. » Selon lui : « Les entreprises étaient dupes, elles payaient pour rien. Le système était là. Personne ne disait rien. » Il ajoute : « En 1985, j'ai commencé à me poser des questions. Plus l'argent arrivait, plus il en fallait. »

Jusqu'à la liquidation d'Urba, début 1990, le système du 30-30-40 alimentera des comptes sur lesquels le trésorier du PS a la haute main. « Le trésorier national du Parti socialiste exerçait une véritable tutelle sur les dirigeants d'Urba-Gracco », affirme Van Ruymbeke. C'est lui « le véritable responsable du système » qui a fonctionné de 1973 à 1990, témoigne encore Pierre Villa. Cette insistance n'est pas fortuite : ainsi se justifie, selon le juge, sa décision d'inculper Henri Emmanuelli, ancien trésorier national du PS, au même titre que Gérard Monate qu'il considère comme un intermédiaire.

Deuxième cas : la SAGES. C'est Renaud Van Ruymbeke qui a projeté cette officine discrète, son PDG M. Michel Reyt et sa prestigieuse clientèle sur l'avant-scène des affaires. Présentant cet « écheveau de sociétés » travaillant à la fois pour les socialistes et contre Urba, le conseiller écrit : « Michel Reyt introduisait et appuyait les responsables d'entreprise auprès d'élus lors d'une passation de marchés publics et percevait à ce titre des commissions. » La rémunération se faisait, ici aussi, au coup par coup ou sous forme d'abonnements : « C'est ainsi que la SAGES percevait mensuellement 28 000 francs de la SAE, 15 000 francs de Dumez, 11 000 francs de la Sogea, 12 000 francs de la Lyonnaise des Eaux, 10 000 francs de Colas, 10 000 francs de GEC-Alsthom... » Van Ruymbeke ajoute que « les commissions perçues ponctuellement atteignaient parfois des montants fort élevés (facture de 3 558 000 francs du 5 juin 1990 adressée à GEFICO pour une opération ZAC à Massy, Essonne) ». Il note au passage l'intitulé laconique des factures : « Notre intervention commerciale : missions-réceptions-déplacements. »

Pour assurer son entregent, poursuit le magistrat, Michel Reyt, membre de la SFIO depuis 1963, « disposait de relations au plus haut niveau du Parti socialiste (ministres, députés...). Il organisait des repas réunissant tel responsable d'entreprise et tel élu local (député, maire...) ». Sur les affaires conclues, les entreprises lui versaient des commissions qu'il ventilait suivant deux orientations. L'une était destinée aux élus pour des opérations de « financement politique », mais aussi pour des « versements de salaires à certains élus » et le « paiement de voyages en France et à l'étranger »...

L'autre partie des commissions allait à la SAGES. Michel Reyt tenait « ville par ville ou élu par élu des fiches de comptes sur lesquelles étaient portés les crédits, les débits et les soldes ». Un fichier secret que Reyt a dû détruire, on l'a vu, par peur de représailles.

Depuis la loi du 15 janvier 1990, légalisant les dons des entreprises, « la SAGES ne percevait plus que la commission lui revenant, les entreprises prenant directement en charge les frais des élus en se montrant généreuses envers les associations de financement nouvellement mises en place ». Il donne l'exemple de « l'entreprise SICRA, qui a versé 500 000 francs, en juillet 1991, à l'Association nationale de financement du Parti socialiste pour un marché contracté avec la ville d'Evry ». Le système se serait généralisé depuis.

Dans la Sarthe, la SAGES était surtout représentée par Marie-Hélène de Jomaron, qui, outre ses contacts avec les décideurs politiques, démarchait les entreprises. Avec un penchant pour Della Vera, une filiale de Bouygues, dont le juge souligne « la fréquence et l'étroitesse » des relations avec la SAGES. Celle-ci, pour son rôle dans l'attribution du centre d'affaires de la gare TGV du Mans (un marché de 50 millions de francs), adressera pour un million de francs de factures à Della Vera, en 1988-1990. Au juge qui s'efforce de démontrer, là aussi, l'absence de prestations commerciales réelles, Michel Reyt répliquera : « Pour moi, les factures SAGES-Aravis ne sont pas fictives, elles sont la contrepartie du travail effectué par le personnel. »

Le troisième cas, celui de Bretagne-Loire-Equipement (BLE), ne paraît pas *a priori* différent des précédents. Pourtant, alors qu'Urba et la SAGES ne font pas mystère de leurs liens avec le PS, il en va ici différemment. Face au magistrat qui cherche à prouver que BLE collecte des fonds pour le PCF, les deux principaux inculpés — Gérard Vourch, PDG de BLE, et Jacques Grosman, PDG du GIFCO [1] — nient en bloc. Une position que l'on retrouve dans les démêlés que d'autres filiales du GIFCO ont, elles aussi, avec la justice pour des raisons similaires [2].

BLE exerce la double activité de vente de matériel aux collectivités et de « promotion d'entreprises ». Cette dernière, seule visée par l'enquête, représente plus de la moitié de son chiffre d'affaires annuel (14 millions en 1991). Comme Urba, elle fait partie d'un réseau d'envergure nationale, le groupe GIFCO, fort d'une trentaine de sociétés. Par ailleurs, en échange de prestations diverses, « BLE verse un pourcentage déterminé de son chiffre d'affaires au groupement d'intérêt économique GICAP », dont elle est membre

1. Gérard Vourch, quarante-deux ans, a été il y a quelques années salarié d'un organe de presse du PC, *Révolution*. Jacques Grosman, à la tête du GIFCO depuis une vingtaine d'années, est décédé à l'âge de soixante-six ans, le 8 octobre 1993. Ancien tailleur de profession, il a été conseiller général de la Seine (PC) dans les années 1960.

2. ABCE (Auvergne-Bourgogne Centre Equipement) à Montluçon et SOCOEF (Société Commerciale en Equipement et Fournitures) à Longwy font actuellement l'objet d'une information judiciaire.

au même titre que les autres sociétés du groupe et qui a des bureaux dans le même bâtiment que GIFCO. « Ces diverses entités, quoique juridiquement distinctes, constituent en réalité le même groupe GIFCO », écrit le conseiller. Un groupe « fortement centralisé », au chiffre d'affaires approchant 800 millions de francs, dont près de 300 millions au titre de la « promotion d'entreprises ».

Au chapitre des liens présumés avec le PCF, Van Ruymbeke indique que « GIFCO intervient directement en organisant " L'espace collectivité ", espace réservé à La Courneuve au cours de la fête de *L'Humanité*, et ce depuis 1985 (date de la création de la société GIFCO) ». Avec « pour finalité d'organiser la rencontre d'élus et de responsables d'entreprises ». « Les liens financiers entre BLE et le PC ne s'arrêtent pas là », affirme encore le magistrat, avant d'ajouter que « la quasi-totalité des annonces et insertions a été passée dans les publications du Parti communiste, des bulletins de municipalités communistes ou des prospectus annonçant des fêtes organisées par le PC ou la CGT ».

Selon Van Ruymbeke, « il ressort de l'ensemble de ces éléments que le groupe GIFCO bénéficie indirectement de l'appui du Parti communiste, de ses infrastructures et de ses élus, même si les investigations menées, du fait de la complexité et de l'opacité des structures en place (...), n'ont pas permis d'apporter la preuve d'une tutelle exercée par le Parti communiste ». Gérard Vourch récusera cette présentation des faits et réaffirme que « le groupe GIFCO ne bénéficie en rien, ni directement ni indirectement, de l'aide du PC »[1].

Le fonctionnement de BLE dans la Sarthe laisse pourtant apparaître des liens entre cette société et les communistes locaux. On peut ainsi noter que les commissions encaissées sur les marchés publics du département (8,3 millions de francs pour la période considérée) proviennent essentiellement de trois municipalités : Le Mans, Allonnes et Champagné, dont les maires, Robert Jarry, Yvon Luby et Jean-Claude Laudé, sont ou étaient membres du PC.

Comme pour Urba et la SAGES, le magistrat conteste la réalité des prestations commerciales invoquées pour justifier les commissions. Gérard Vourch a beau répéter « avoir une bonne connaissance du terrain et fournir aux entreprises des informations sur les marchés », Van Ruymbeke n'est guère convaincu. En effet, tous les témoignages des chefs d'entreprise qu'il a recueillis prouvent le contraire. Le cas de M. Ordener, directeur d'OTV, une société spécialisée dans le traitement des eaux, est, à cet égard, exemplaire. En 1989, son contrat d'exploitation de la station d'épuration de la Communauté urbaine du Mans vient à expiration. Il est vital qu'il soit reconduit. Seulement voilà : un concurrent, moins cher, risque d'emporter le marché. Que faire ? Ordener

1. L'avocat de BLE et des sociétés satellites du GIFCO, Me Olivier Metzner, ne manquera pas de souligner que SOCOEF à Bordeaux — autre filiale du GIFCO — comptait parmi ses clients près de 50 % de municipalités de droite.

accepte de passer sous les fourches caudines de BLE, qui le recommande à la Communauté urbaine. OTV conservera le marché. Mais le coût du service est élevé : 1 450 000 francs, qui seront versés à BLE en trois fois.

Significative aussi, l'expérience vécue par un promoteur de la Sarthe, Patrick Barrault. En 1989, il constitue une SCI, dénommée Les Raineries, en vue de lotir un terrain et d'y construire 63 maisons. Le 29 mars 1990, il demande un permis de construire à la mairie du Mans. Les semaines passent. Pas de réponse. L'architecte lui conseille alors de contacter BLE. Reçu, en mai, par le directeur commercial, Alain Pillas, Barrault reçoit l'assurance qu'on « va s'occuper de lui ». Trois semaines plus tard, Pillas le rappelle pour lui dire qu'il va obtenir son permis de construire... et pour l'inviter à passer « afin de conclure un accord relatif à son intervention ». Le 7 juillet Barrault rend visite à son bienfaiteur et règle une facture de 59 300 francs !

Dernier exemple. En 1987, Philippe Sokolowsky, directeur commercial à la société Baudin-Châteauneuf, spécialiste en équipements sportifs, vise le marché d'extension des terrains de tennis d'Allonnes, dont le maire (PC), Yvon Luby, est également vice-président de la Communauté urbaine du Mans. Là encore, il faudra en passer par BLE et régler une facture de 62 225 francs pour son intervention ! Drôle d'intervention : BLE s'est bornée à mettre en rapport

Baudin-Châteauneuf et la mairie d'Allonnes. Rien de plus.

Malgré ces constats, Gérard Vourch reste sur ses positions. En substance : « BLE n'a jamais eu de contacts avec les élus. » Ces derniers tiendront le même discours. Ainsi, Robert Jarry, à qui sa position de maire conférait un rôle important dans la passation des marchés publics, affirme ignorer jusqu'à l'existence de BLE et de GIFCO. Comment finançait-il ses campagnes ? « Je ne me suis jamais préoccupé de savoir comment le Parti communiste se procurait de l'argent pour financer les campagnes des listes », répondit-il.

D'autres nient carrément l'évidence, comme le maire de Champagné, Jean-Claude Laudé. Il ignore à qui correspondent les fiches de visites du directeur commercial de BLE, Alain Pillas, se référant pourtant clairement aux entrevues qu'il a eues avec lui... au sujet des marchés. Quant aux commissions versées par les entreprises à BLE, n'insistez pas, Monsieur le Maire n'est au courant de rien. Position intenable car l'une de ses adjointes révélera au juge que Laudé traitait lui-même les marchés.

Van Ruymbeke, on le voit, a beaucoup progressé. Mais il n'est pas complètement à l'abri d'un revers de procédure. Le mardi 13 octobre, alors qu'il s'apprête à boucler ses récapitulatifs, la chambre criminelle de la Cour de cassation présidée par Christian Le Gunehec examine le pourvoi de six inculpés du dossier Urba-SAGES déposé contre un arrêt rendu le 7 mai 1992 par la chambre d'accusation de la cour d'appel de Rennes [1].

Il s'agit d'une nouvelle tentative, la quatrième en dix-huit mois, pour obtenir l'annulation de la procédure ouverte au Mans, en janvier 1991, par le juge Jean-Pierre. Le but de la manœuvre est clair : aboutir au dessaisissement du magistrat rennais. Pour y parvenir, les avocats font valoir une vingtaine de points de droit. Voici les deux principaux : 1) Le juge Jean-Pierre a commis une faute en ne dévoilant pas dans sa procédure le nom de l'indicateur qui l'a alerté sur le financement occulte du PS dans la Sarthe. Une faute jugée d'autant plus impardonnable que le magistrat a lui-même révélé dans son livre *Bon appétit messieurs* qu'il connaissait son identité. 2) Il en a commis une autre en omettant volontairement de consigner sur procès-verbal le nom de Pierre Villa, adjoint au maire du Mans, par peur d'être dessaisi [2].

Mais la Cour, suivant les conclusions de l'avocat général Jean Libouban, refuse d'annuler la procédure... Certes, les hauts magistrats ont statué en droit, rien qu'en droit, comme c'est leur rôle, sans préjuger du fond du dossier. Il n'en reste pas moins que certains membres de la chambre criminelle étaient encore, quarante-huit heures auparavant, partisans de la cas-

1. Il concerne Gérard Monate, Pierre Villa, Jacques Jusforgues, Christian Giraudon, Michel Reyt et Marc Jurdit.

2. Aux termes de l'article 681 du Code de procédure pénale en vigueur jusqu'au 1er mars 1993, le juge Jean-Pierre aurait dû alerter le parquet du Mans pour qu'il saisisse la Cour de cassation.

sation. Tant la procédure du juge Jean-Pierre leur paraissait peu orthodoxe. Mais, finalement, le bon sens l'a emporté. Car il est clair qu'une cassation de la procédure Urba-SAGES aurait enterré définitivement le dossier. Ce faisant, elle n'aurait pas manqué d'être interprétée comme un manque d'indépendance face à un pouvoir contrarié par les initiatives de Van Ruymbeke. Et qui sait les réactions qu'elle aurait pu provoquer, dans la magistrature et dans l'opinion ?

Ainsi conforté, le conseiller peut tranquillement boucler son dossier, qui est transmis le 7 janvier 1993 au procureur général, Jacques Brun. Trois mois plus tard, ce dernier, après avoir consulté la Chancellerie à plusieurs reprises, se prononcera pour un non-lieu en faveur d'Henri Emmanuelli. Pour deux raisons essentielles. D'abord parce que le système Urba a été mis en place bien avant que l'ancien banquier ne prenne en charge le financement du PS. Sur ce point sa responsabilité n'est pas engagée. Ensuite, parce qu'« il n'a pas été découvert de pièces, ni recueilli d'autres éléments concrets propres à établir que M. Emmanuelli ait interféré dans la gestion du groupe (Urba), dans les intructions données aux délégués, dans l'organisation de leur activité, dans les relations avec les entreprises même au niveau national, au point que puissent lui être imputés des actes de complicité des délits de trafic d'influence (...) ».

Après s'en être pris à Van Ruymbeke — qui se voit reprocher d'avoir inculpé Emmanuelli sur la « seule base de déductions et de raisonnements abstraits » —

le réquisitoire conclut : « Il ne ressort pas de l'information des présomptions suffisantes que M. Emmanuelli connaissait l'origine délictueuse, (...) des fonds au moyen desquels le groupe Urba prenait en charge des dépenses du Parti socialiste. »

Mais la chambre d'accusation de Rennes — dans laquelle Van Ruymbeke a pris soin de ne pas siéger [1] — n'est pas de cet avis. Le 8 juillet, elle rend un arrêt qui renvoie Emmanuelli en correctionnelle et qui fait grand bruit. Pour la chambre, plusieurs éléments de l'instruction attestent bel et bien des liens entre Urba et la trésorerie du PS. D'abord, le prédécesseur d'Emmanuelli, André Laignel, entendu en 1991 par la Commission sur le financement des partis, a admis qu'Urba « prenait en charge les dépenses des permanents du PS — y compris rue de Solférino — ainsi que les dépenses des campagnes nationales ». Ensuite, Emmanuelli lui-même n'a « jamais caché qu'il rencontrait régulièrement Gérard Monate au sujet des rentrées du groupe et de leur répartition ». Enfin, on l'a vu, Pierre Villa a affirmé dans sa déposition que « le trésorier national du PS exerçait une véritable tutelle sur les dirigeants d'Urba-Gracco » et qu'il était bien « le véritable responsable du système ». Autant de présomptions suffisantes, aux yeux de la chambre, pour ne pas accorder à Emmanuelli le non-lieu réclamé par le parquet général.

---

1. Pour éviter que les avocats d'Emmanuelli ne l'accusent d'être juge et partie.

Par contre, elle l'accordera à Christian Giraudon, Robert Jarry et Jacques Jusforgues[1]. Mis à part Jacques Grosman, décédé entre-temps, 17 inculpés, parmi lesquels Michel Reyt, Marie-Hélène de Jomaron, Jean-Claude Boulard, Gérard Monate et, bien sûr, Henri Emmanuelli, se retrouveront vraisemblablement, vers la fin de l'année 1994, devant le tribunal correctionnel de Saint-Brieuc, juridiction désignée par la chambre d'accusation pour juger la plus grosse affaire de financement illicite d'un parti politique jamais révélée à ce jour...

Les socialistes sont d'autant plus amers qu'ils n'en ont pas fini avec ce diable de conseiller. Loin de là. A l'automne 1992, alors que l'instruction Urba-SAGES touchait à sa fin, une autre affaire à laquelle Georgina Dufoix se trouve mêlée est venue prendre le relais. Une personnalité socialiste chasse l'autre. Le 27 août 1992, soit seize mois après son inculpation, Trager a déposé une bombe à retardement sur le bureau du conseiller. Le jour même où Emmanuelli répondait sèchement à la lettre de Van Ruymbeke. Décidément, le monde est petit.

---

1. Giraudon, l'ancien délégué régional d'Urba, qui se disait persuadé qu'une fois de plus « les lampistes » comme lui allaient « payer pour les autres ».

Chapitre 9

Les malheurs de Georgina

17 novembre 1992, 16 h 10. Le TGV de Paris est à l'heure. Les deux policiers français qui regardent arriver le convoi orange en gare de Lausanne n'auront pas à grelotter plus longtemps dans l'humidité glacée qui imprègne les lieux. « Le voilà ! » Dans le flot des voyageurs qui se hâtent vers la sortie, ils repèrent bientôt Van Ruymbeke. Après une poignée de main les trois Français prennent la direction de l'Office de sûreté fédérale, où les policiers, arrivés la veille de Nantes, sont déjà passés se présenter.

Que les filières du financement politique français finissent par le conduire en Suisse n'est pas pour surprendre le magistrat rennais. Reste à savoir s'il trouvera ce qu'il cherche dans cette ville bourgeoisement étalée au bord du lac Léman, lourde de secrets, de comptes bancaires anonymes, d'argent plus ou moins blanc. S'il faut en croire René Trager, il y a même là, enfouie dans les entrailles de la cité vaudoise, une bombe bien de chez nous. Tricolore. Made in France.

Comme en janvier, lors du raid rue de Solférino, le

juge a des raisons d'être inquiet. Et si le ménage avait été fait? Ce serait d'autant plus vexant que cette bombe, Van Ruymbeke connaît son existence depuis près de trois mois. C'est le 27 août 1992, dans le bureau minuscule du magistrat, que tout a vraiment commencé. Arrivé en début d'après-midi avec son avocat, Trager s'est installé face au conseiller et à sa greffière, Valérie Le Roy. Aussi, sans attendre que le magistrat ait fini le rituel des questions, il l'a coupé : « Attendez ! je vais vous expliquer. »

Pourtant, les relations ont bien mal commencé entre ces deux hommes si dissemblables. Entre le champion de la combine, massif, jovial et débrouillard, et le virtuose de la procédure, tout en réserve et en rigueur. En décembre 1991, lorsqu'ils se rencontrent pour la première fois dans ce bureau qui sert aujourd'hui de cadre à ses confidences, Trager est à cran, muré dans sa rancœur. Il est déjà resté enfermé plus de neuf mois. Il se sent à la fois victime du lâchage de ses « clients », d'une guerre nantaise des courants socialistes et d'un acharnement de la justice. Alors, tomber sur ce nouveau magistrat à l'air sévère, pisse-froid, c'est bien sa veine ! Le premier contact est plutôt rude. François Chéron pense, lui aussi, qu'ils sont bien mal tombés. Van Ruymbeke a mis les choses au point. Sans forcer la main, mais avec fermeté. Ici, c'est lui qui commande.

Au fil des rencontres, l'atmosphère va pourtant changer. Trager, une fois libéré, se fait moins méfiant. Le magistrat paraît moins raide. Il est vrai qu'il n'a pas trop à se plaindre. Contrairement à Charles Libman, qui pousse Michel Reyt dans la voie étroite d'un silence obstiné, François Chéron, plus souple, joue l'ouverture. Sa stratégie est simple et logique : plus il démontrera la destination exacte de l'argent récolté par Trager — du moins celui qui n'est pas allé dans sa poche —, plus les chances de son client de s'en sortir grandiront. Le Nantais en est parfaitement conscient. Aussi, lui qui a déjà savamment distillé le nom de quelques-unes de ses relations d'affaires en Loire-Atlantique, monte d'un cran dans les révélations. Et de quelle façon !

Ce 27 août, il raconte au juge comment, en 1985-86, il a négocié pour le compte de Georgina Dufoix, à l'époque ministre des Affaires sociales, un appareil de radiologie lourde, une IRM (Imagerie à Résonance Magnétique), avec le constructeur américain Fonar. Prix : 21 millions de francs. Trager précise que sa mission a rapporté une commission de 2,1 millions — versée à Lausanne —, dont une large part ristournée à des proches de Georgina Dufoix. Intarissable, il explique encore que cette affaire a été mise au point au ministère, avenue de Ségur, lors des réunions regroupant des membres du cabinet de Mme Dufoix, le Dr Nicolas Nguyen, un Américain francophone représentant Fonar, et son associé Guy Donnet, mandataire de l'importateur suisse, la société Safigex. Et Trager d'expliquer que, de la fin 85 à mars 86, porteur de lettres signées Georgina Dufoix, il est allé récupérer l'argent à l'occasion de quatre voyages à Lausanne. En échange, il a signé des reçus. Le juge écoute, ébahi... Enfin, coup de grâce, Trager révèle qu'il travaillait en liaison avec l'époux du ministre, Antoine Dufoix, son directeur de cabinet, Michel Gagneux, et un conseiller de Georgina, Michel Maurice[1].

« Mme Dufoix était-elle au courant? coupe le conseiller. — Oui », répond le Nantais. D'ailleurs, précise-t-il, le calendrier des remises d'argent a fait l'objet d'une réunion avec Georgina et Antoine Dufoix. Trager précise que l'IRM a été livrée au centre hospitalier de Nîmes, la ville où Mme Dufoix tente de renforcer son implantation. « A quoi a servi l'argent ? » Trager prétend l'ignorer. Sa mission consistait à « porter les valises » et à remettre l'argent à Michel Gagneux ou à Antoine Dufoix. Sa commission a été de 600 000 francs. Pour étayer ses affirmations, il propose même des témoins de première main. En effet, pour joindre l'utile à l'agréable, le gros René, qui a le culte de l'amitié et celui des bonnes tables, ne partait pas seul. Il était accompagné par son copain Richard Gaul, un entrepreneur de Sarrebruck, dont la nationalité alle-

---

1. Michel Maurice, ancien cadre à la Sécurité sociale avant de devenir permanent de la CFDT, vit dans l'ombre de Georgina Dufoix depuis 1985. Il a été tour à tour son conseiller pour les affaires « nîmoises » au ministère des Affaires sociales, puis son directeur de cabinet à la Croix-Rouge à partir d'avril 1989. Maurice, toujours à l'initiative de Georgina, a été chargé de veiller à l'application de la convention franco-algérienne aux enfants de couples mixtes. A l'automne 1989 — sur proposition de Georgina Dufoix — il recevra les insignes de chevalier de la Légion d'honneur des mains du président François Mitterrand, qui déclare à cette occasion, parlant du récipiendaire : « Il est de ceux qui ont un cœur gros comme ça »...

mande facilitait les opérations de change. Gaul, le copain de toujours, béat d'admiration devant la réussite de René ; René qui lui a présenté Fabius à l'occasion d'un meeting ; René qui se vante d'avoir fait la bise à Georgina. Le roi René, quoi !

Les virées en Suisse romande s'enrichissent ainsi d'arrêts gastronomiques et d'hôtels quatre étoiles. A Lausanne, les deux compères font le plein de francs suisses qu'ils changent à Sarrebruck ou à Paris. Au meilleur taux. En bout de course, Gaul attend au bistrot que son ami ait remis son pactole au ministère. Et si le conseiller a encore des doutes, qu'il interroge son frère, Marcel Trager, qui a convoyé une partie des fonds à Nîmes et Montpellier, où l'attendait Antoine Dufoix.

Voilà ce que dit Trager ce 27 août 1992. Enorme. Précis. Et ce n'est pas fini. Bientôt, il parlera d'un deuxième « coup », de 2 millions de francs, réalisé à la même époque avec la même équipe [1]. Tout cela est sans doute lâché à contrecœur. Mais comment faire autre-

1. La deuxième affaire concerne la décentralisation d'une administration dépendant du ministère des Affaires sociales, la Sous-Direction des naturalisations. L'opération, avec 180 emplois à la clé, promettait d'être une bonne affaire pour la commune qui l'emporterait. Ce fut Rezé, celle du socialiste Jacques Floch, dans la banlieue de Nantes. La société attributaire du marché, la Sogea Atlantique, versera une commission d'environ 2 millions de francs à René Trager qui, ici encore, associé à Michel Maurice, sert d'intermédiaire et de porteur de valises entre Nantes et le ministère, à Paris.

ment ? Tout au long de sa détention, Trager a attendu en vain que Georgina et ses amis lui donnent la possibilité de se taire. Maintenant, il est trop tard pour faire marche arrière. N'empêche que Georgina (il ne l'appelle jamais autrement), le gros René n'a jamais cessé de l'admirer, d'être sous son charme.

Vrai qu'elle n'en manque pas de charme, Georgina ! Son côté « copain », baba cool, décontracté, rompt avec l'allure souvent guindée de nos politiciens. Le Président lui-même ne s'y est pas trompé. En 1981, il fera de cette jeune femme — elle a à l'époque trente-huit ans —, issue d'une famille protestante aisée du Gard, un secrétaire d'Etat à la Famille. Avec elle, un souffle nouveau semble entrer dans le monde politique, une sorte de fraîcheur teintée d'une morale new-look. Ça plaît. En juillet 1984, la voilà promue ministre des Affaires sociales et de la Solidarité nationale. Six mois plus tard, Georgina cumule ces fonctions avec celles de porte-parole du gouvernement Fabius. Sa popularité est au zénith, quand, en 1985, on la voit à la télévision, un gamin dans chaque bras, revenir d'Algérie où elle est allée régler le sort des enfants de mères françaises retenus par des pères algériens.

La France entière découvre cette femme de cœur, mère de quatre enfants. En fait-elle trop ? Toujours est-il que l'égérie du mitterrandisme commence à multiplier les bourdes. Se faisant l'apôtre des médecines douces, elle prend fait et cause pour Rika Zaraï. Elle va même jusqu'à soutenir un pseudo-médicament miracle censé guérir le sida, la ciclosporine. Le monde médical est effaré. En 1988, première déconvenue : Michel Rocard ne la prend pas dans son gouvernement. Qu'importe ! l'Elysée la récupère, comme conseiller du Président. Moins d'un an plus tard, en avril 1989, Georgina Dufoix devient présidente de la Croix-Rouge. Mais le pire est à venir. Elle tombe dans le mysticisme et multiplie à nouveau les gaffes. Et quelles gaffes ! En plein scandale du sang contaminé, où elle est en première ligne, elle a cette formule désastreuse : « responsable mais pas coupable ». Son étoile pâlit de plus en plus. Jusqu'à s'éteindre définitivement en janvier 1992, lorsque l'opinion publique interloquée apprend qu'elle a organisé l'hospitalisation à Paris du leader palestinien Georges Habache, sans en référer à personne. La suite, on va le voir, sera encore plus terrible pour Georgina.

Trager est évidemment à cent lieues de tout cela. Il côtoie la star du régime, bénie des dieux et du Président. Cela lui suffit. Quel conte de fées ! Pour le gamin pauvre des banlieues de Metz, quelle revanche sociale ! Car s'il est dur en affaires, Trager fonctionne aussi au sentiment. Il évite, par exemple, de charger Michel Maurice — un « homme du peuple » comme lui — pour qui il a de l'amitié. Par contre, il n'épargne jamais Michel Gagneux, qu'il appelle, avec dérision, « l'énarque ». Cela dit, bon gré mal gré, Trager a comme on dit « craché le morceau ». Tout, désormais, est officiel. Consigné sur procès-verbal. Reste à trouver les preuves.

A l'Office de la sûreté fédérale de Lausanne, l'accueil

du juge et des policiers français par leurs collègues suisses, ce mardi 17 novembre, est chaleureux. Ce sont les Suisses qui vont effectuer les perquisitions, en liaison étroite avec les Français. Tout va bien se passer et les inquiétudes du juge seront vite dissipées. Loué soit le côté méticuleux des Suisses : à la Safigex d'abord, puis à la Banque Vaudoise de Crédit, tout est là, rangé, étiqueté, répertorié. Les lettres portant la signature de Georgina Dufoix, des reçus, l'Autorisation de Mise sur le Marché (AMM) de l'IRM, délivrée au nom du gouvernement français. Petits et grands secrets confirment que Trager a dit vrai.

Une fois de plus, Van Ruymbeke a la main heureuse. A la Safigex, il trouve des dizaines de télex qui racontent l'histoire de la négociation, de janvier 1985 à mars 1986. Et qui semblent attester d'une implication personnelle de Georgina Dufoix dans ces pourparlers.

En voici quelques extraits. Le 23 septembre 1985, le Dr Nguyen, qui attend une réponse du ministère des Affaires sociales concernant l'autorisation d'achat de l'IRM, s'impatiente. Il télexe à Donnet, qui lui sert de relais à Lausanne, « il nous faut une AMM en bonne et due forme et non pas la lettre qu'elle nous a faite. Trager avait promis de la faire refaire comme nous la voulions. Il faut donc qu'il délivre sur ce point (...). A la réception de cette AMM, en bonne et due forme, publiable au *Journal officiel*, il méritera son million ».

Le même jour, Nguyen, décidément pressé, indique

dans un second télex que « l'autorisation doit être rédigée comme suit » par le ministère : « Messieurs, à la suite de nos différents entretiens et courriers, et pour vous permettre de démarrer votre implantation en Languedoc-Roussillon, je vous donne mon accord pour que vous commenciez votre activité par le montage et la mise en opération, à titre d'évaluation expérimentale, d'un système IRM Fonar destiné à être livré à un de vos clients, en France ou à l'exportation... » Prévoyant, Nguyen ajoute un second modèle, sensiblement différent du premier dans la forme. Loin de prendre ombrage de cette « dictée » imposée par l'Américain, la partie française s'exécute. Dans les jours qui suivent. Trager transmet à Donnet non pas une, mais deux lettres signées Georgina Dufoix. L'une est, mot pour mot, celle proposée par Nicolas Nguyen.

En novembre, Nguyen écrit à son patron, le Dr Damadian, inventeur du système Fonar : « On nous a promis une deuxième autorisation prochainement. » Quelques jours plus tard, Donnet signale un léger contretemps : il manque des autorisations. Michel Maurice s'en occupe. Le 30 décembre, Donnet exulte. Il télexe à Nguyen : « Voici votre cadeau de fin d'année à valoriser en 1986. Trager m'a apporté ce jour deux lettres (...) pour ces bonnes nouvelles j'ai payé 800 000 francs. Après ces semailles, je peux vous souhaiter bonne et féconde année. » Affaire réglée. Cette fois définitivement. A ceci près que l'IRM est passée, au fil des tractations, de Montpellier à... Nîmes. Deux mois plus tard, une lettre adressée à Guy Donnet et signée Georgina Dufoix confirme : « J'ai le plaisir de vous informer que, par un courrier du 28 février 1986, j'ai autorisé la direction du Centre Hospitalier Régional de Nîmes à acquérir un appareil à résonance magnétique nucléaire de type Fonar Bêta 3000. Je vous prie de croire... »

A Paris, l'annonce par *Le Monde* du 20 novembre 1992 de la découverte des lettres signées Georgina Dufoix fait l'effet d'une bombe. Le soir même, l'ancien ministre est sur le plateau du journal de TF1 où elle tente de faire front. Une prestation peu convaincante : elle n'a pas pu faire ça ; elle va consulter ses dossiers ; elle promet des explications... une autre fois. Dans les jours qui suivent, elle revient sur certaines affirmations. Contrairement à ce qu'elle a toujours assuré, elle admet avoir rencontré Trager. Il est même possible qu'il ait contribué à sa campagne : après tout « il faut bien payer les affiches et les emplacements publicitaires ».

La défense de l'ancien ministre consiste à reconnaître l'inévitable et, pour le reste, à se défausser. Une stratégie que résume son défenseur, Me Bernard Cahen : « L'affaire de la commission a pu venir se greffer, à l'insu de Mme Dufoix, sur une démarche industrielle parfaitement justifiée. » L'avocat parisien laisse entendre que la machine à signer du ministre, appelée familièrement la « georginette » par ses collaborateurs, a été abusivement utilisée. Et qui a le contrôle de cette machine à parapher ? Son directeur de cabinet, bien sûr. Alors, voyez Michel Gagneux[1] !

Dire que ce dernier est surpris par les insinuations de Georgina et de son avocat serait peu dire. Alors que l'ancien ministre fait preuve d'un grand sang-froid, cet énarque de quarante ans, qui passe pour un homme solide, paraît complètement effrondré : « Comment aurais-je pu être mêlé à cette histoire, ne cesse-t-il de nous répéter. Elle a été enclenchée bien avant ma prise de fonction, comme directeur de cabinet du ministre, en juillet 1985. » Et Gagneux, qui semble avoir eu des rapports difficiles avec son ministre, d'ajouter : « J'ai toujours été contre l'implantation d'une IRM à Nîmes. Je l'ai dit à Georgina Dufoix ; je souhaitais un appareil mobile. »

Passé l'émotion initiale, plus Gagneux réfléchit à cette histoire, moins il est surpris. A l'écouter raconter l'anecdote suivante on comprend mieux pourquoi : « Début septembre 1992, à la suite d'une perquisition dans mon appartement par des policiers du SRPJ de Rennes — envoyés par le conseiller Van Ruymbeke —, Georgina Dufoix m'avait démandé d'aller la voir à la Mission interministérielle de lutte contre la drogue »... Au cours de la conversation, elle lui aurait lancé,

1. Curieusement, Trager avait prédit dans son livre, *L'Affaire Trager*, Ed. du Rocher, 1992, qu'il en serait ainsi : « Gagneux était l'homme orchestre. Il avait la signature de Georgina Dufoix. Ce qui permettra, si un jour cette dame est impliquée, de répondre que ce n'est pas elle qui est à l'origine des affaires juteuses touchant son ministère, mais Gagneux le fautif. »

comme si cela allait de soi : « On raconte que vous allez avoir des ennuis... Que vous auriez un compte en Suisse... »

Quand il quitte le bel hôtel particulier du faubourg Saint-Honoré qui abrite les bureaux de la Délégation, Michel Gagneux a compris : un mauvais coup se prépare. Mais il est décidé à ne pas se laisser faire. Pour sa défense, lui et son avocat, Bernard Dartevelle, diront en substance, à ceux qui veulent faire la lumière sur cette affaire : « La patronne c'est Georgina. La signature au bas des lettres c'est la sienne. Voyez-la ! » Et à ceux qui veulent savoir où est passé l'argent : « Voyez Antoine Dufoix, demandez à Michel Maurice. » Bref, Gagneux refuse de jouer les fusibles...

Le petit jeu de la défausse n'est pas près de s'arrêter. Car Antoine Dufoix fait de même : « Voyez Trager, voyez Maurice. » Et ce dernier, malgré sa loyauté envers les Dufoix, n'est pas en reste quand il sort de son mutisme : il n'était qu'un poids plume. On ne lui disait rien. Alors : « Voyez Gagneux, voyez Antoine et Georgina. » Bref, personne n'est responsable, personne ne sait rien, chacun passe à son voisin.

En attendant, où a bien pu aboutir l'argent de la commission ? Le conseiller a beau compter, décompter et recompter, il reste loin du compte... Trager, qui n'a jamais varié dans ses explications, affirme qu'il en a versé la plus grande part, en espèces, à Michel Gagneux et Antoine Dufoix. Qu'une autre part a été remise sous forme de chèques — dont il a conservé des copies — à une association, Langue et Culture, rattachée au ministère des Affaires sociales et présidée par... Michel Maurice. Qu'une troisième partie a servi au financement de la campagne électorale de Georgina Dufoix. Lui-même aurait touché 600 000 francs. Plus du quart de la somme !

Pour sa part, Georgina Dufoix estime le coût global de sa campagne à un million de francs. Un ordre de grandeur qui paraît réaliste. Pour tenter d'y voir clair, vers la fin de 1992, Van Ruymbeke inculpe, coup sur coup, Michel Gagneux de corruption, Antoine Dufoix de recel de corruption, Michel Maurice et René Trager de complicité et recel de corruption [1].

Peu après, c'est au tour de Jacques Séguéla, auteur de la campagne publicitaire de Georgina Dufoix, en 1986, de faire le voyage à Rennes pour s'expliquer. Il est le concepteur de cette affiche où l'on aperçoit Georgina sur un cheval blanc, dans un décor de

---

1. L'ancien directeur de cabinet de Georgina Dufoix n'a décidément pas de chance. Un peu moins de deux mois après avoir été inculpé dans l'affaire de l'IRM, le conseil d'administration de la SONACOTRA (Société Nationale de Construction de Logements pour les Travailleurs) — qu'il présida de février 1986 à décembre 1991 — donnait mandat à son successeur, Bertrand Maréchaux, de porter plainte contre lui pour abus de biens sociaux, abus de confiance et abus de pouvoir. Le conseil d'administration de la SONACOTRA reproche à Gagneux d'avoir eu une gestion dispendieuse. Cette gestion a été dénoncée dans un rapport de la Cour des comptes. Michel Gagneux conteste les reproches qui lui sont faits, s'estimant victime d'un règlement de comptes. Le dossier SONACOTRA est toujours à l'instruction au tribunal de grande instance de Paris.

Camargue, avec ce slogan : « Le cœur battra toujours à gauche. » Une pub de 300 000 francs, facturée un an plus tard à une société de Trager selon un libellé fantaisiste et qui plus est par le biais d'une société suisse. Interrogé sur ces circuits peu orthodoxes, Séguéla, lui aussi, s'embrouillera, parlera d'erreur de comptabilité et dira : voyez Antoine Dufoix. Devant la presse, le publicitaire s'en sort par une pirouette : « D'accord je suis un clown, mais un clown honnête. » Et, d'ajouter : « Le premier qui en doute prendra ma main sur la gueule. »

Devant ce manque de coopération général, ces trous de mémoire, défausses et faux-fuyants, et surtout faute de pouvoir entendre Mme Dufoix, le conseiller va être contraint d'abandonner une instruction qui tourne en rond. Le témoignage de l'ancien ministre est devenu indispensable pour démêler l'imbroglio. Du reste, François Chéron, l'avocat de Trager, et Bernard Dartevelle, celui de Gagneux, le réclameront à deux reprises. Impossible pourtant : Georgina Dufoix étant ministre au moment des faits, elle ne peut répondre qu'à la Haute Cour de justice, seule compétente. Le magistrat stoppe donc ses investigations. Le 5 février 1993, il transmet son dossier au parquet général de Rennes.

Dans son réquisitoire du 1er avril, le procureur de Rennes demandera le non-lieu au titre de la loi d'amnistie du 20 juillet 1988. Il balaie la suspicion d'enrichissement personnel, pour ne retenir que celle de financement politique. Il n'y a donc pas lieu de poursuivre quiconque dans ce dossier. Mais la chambre d'accusation ne l'entend pas de cette oreille. Dans un arrêt du 6 mai, elle montre clairement les suspicions quant à l'utilisation des commissions. Pour Georgina Dufoix, mise en cause par Gagneux, qui affirme avoir utilisé la machine à signer sur instructions de son ministre, pas de non-lieu. L'arrêt estime que les éléments qui l'impliquent « sont susceptibles de caractériser des faits de corruption ». A la Cour de justice de la République de juger, le cas échéant [1].

Pour son mari, idem. Pourquoi? Parce que les limiers du conseiller ont découvert qu'Antoine Dufoix « a effectué des remises en espèces sur son compte bancaire nîmois de juillet 1985 à mars 1986 et qu'il a en outre participé à des acquisitions immobilières en juillet et septembre 1985 ». A une époque où Trager rapportait des millions. Les vérifications doivent donc se poursuivre. Elles vont s'avérer meurtrières : interrogé par Van Ruymbeke le 8 juin suivant, Dufoix a bien du mal à justifier des sommes déposées en liquide sur les comptes de campagne de sa femme, pendant la période concernée : 421 billets de 500 francs, 110 de 200 francs et 268 de 100 francs. En tout plus de 250 000 francs. Et aussi les 130 000 francs versés en liquide sur son compte personnel. Il aura beau expliquer que ce pactole provenait de petites coupures récoltées auprès des militants puis converties en grosses coupures lors

1. Cette juridiction remplace depuis la réforme constitutionnelle votée le 19 juillet 1993 la Haute Cour de justice.

de leur dépôt au guichet, Van Ruymbeke restera sceptique.

Pour Gagneux les investigations doivent également se poursuivre. En effet, son compte bancaire « porte la trace d'un versement en espèces de 32 000 francs en date du 22 juillet 1986 ». Enfin, Michel Maurice, « pour avoir facilité la perception de la commission de 2 millions de francs, et en avoir tiré profit », doit, lui aussi, être poursuivi.

Pendant toute cette affaire, le silence des socialistes contraste avec la solidarité bruyamment manifestée à l'égard d'Henri Emmanuelli. C'est le jour et la nuit. Pourquoi cet épais mutisme ? Parce que, après avoir été un porte-bonheur, Georgina porte la poisse ? Parce qu'elle a trop gaffé, trop coûté au PS dans l'affaire du sang contaminé et dans l'affaire Habache ? Parce qu'elle donne dans le mysticisme et les médecines douces ? Ou bien sait-on en haut lieu à quoi a vraiment servi l'argent ? En tout cas, pour celle qui fut une égérie et qui a longtemps été bien en cour, l'Elysée fera un service minimum. Après les révélations de Trager, fin août 1992, la Chancellerie imposera le substitut général dans le bureau de Van Ruymbeke, lors des interrogatoires du Nantais. Ce qui donnera lieu a des échanges parfois vifs. « Je sais que vous êtes ici pour m'espionner », s'écriera un jour le conseiller, exaspéré.

L'affaire IRM paraît symbolique de la déliquescence et du dysfonctionnement atteints par l'un des grands ministères de la République. Comment ne pas en retirer l'impression que certains fonctionnaires, avec ou sans le consentement d'un ministre plus préoccupée par la gestion de son image que par celle de son administration, pouvaient s'affairer à diverses combines en toute impunité ? Quant à Georgina Dufoix elle-même, quel terrible retour des choses pour celle qui était, hier encore, la figure emblématique du socialisme triomphant et qui est, aujourd'hui, le symbole d'un régime discrédité par les scandales.

Enfin, au-delà du dysfonctionnement du ministère des Affaires sociales, l'affaire lève un coin de voile sur des pratiques qui gangrènent certains secteurs de la Santé. A commencer par celui de la radiologie, le plus juteux de tous en raison du coût de ses équipements. Une véritable « mine d'or ». Les années 80 ont connu une percée sans précédent des nouvelles technologies. Les IRM sont passées de 15 en 1986 à près de 100 en 1992 ; les scanners, de quelques dizaines en 1980 à 466 fin 1991. Tous valant de 5 à 15 millions de francs pièce. Tous donnant un avantage médical et financier décisif sur les concurrents. Tous soumis à une autorisation ministérielle... Comme pour de vulgaires hypermarchés !

Ici aussi, compte tenu des enjeux et des procédures, de puissants groupes de pression économiques et politiques n'ont pas tardé à se mettre en place pour influencer les choix. Ministères, commissions et conseillers chargés des politiques et des priorités (une cinquantaine d'appareils par an) se sont trouvés très sollicités. L'affaire Fonar illustre la perversion du système. Il faut entendre d'anciens conseillers raconter les luttes d'influence, les manœuvres des lobbyistes et les interventions des élus pour favoriser tel matériel, tel hôpital, telle clinique[1].

A l'heure du choix, il arrive même que l'Elysée s'en mêle. Illustration : en 1985, deux cliniques de Seine-Saint-Denis s'affrontent pour l'autorisation d'implantation d'une IRM. L'une, celle des Lilas, bénéficie de l'appui du député des Vosges, Christian Pierret, d'un homme d'affaires proche du Président et de Paule Dayan, chargée de mission à l'Elysée[2]. L'autre est défendue par Alain Boublil, conseiller pour les Affaires industrielles à l'Elysée, Claude Bartolone, député de Seine-Saint-Denis, et par un radiologue, le Dr Laurent Raillard, lui aussi ami du Président. Alors que la balance penche pour les Lilas, Raillard fait pression sur Gagneux. Et le menace d'en parler au Président lors de la partie de golf qu'il dispute avec François Mitterrand, le lundi matin. Message transmis. Mais, le Président, furieux de voir le nom de l'Elysée mêlé à ces petits trafics, passera un savon à ses conseillers et à Georgina

1. Michel Reyt, qui représentait les intérêts de la société Siemens, était aussi actif dans ce secteur. Mais, il est loin d'être le seul. Chaque parti, chaque lobby dispose d'intermédiaires chargés d'ouvrir les portes des ministères et de renouer le contact avec les hommes clés en cas de changement de gouvernement.

2. Fille d'un proche de François Mitterrand, Georges Dayan, aujourd'hui décédé. Elle est actuellement secrétaire du Conseil supérieur de la magistrature.

Dufoix. Finalement, en février 1986, le ministre tranchera en faveur des Lilas.

Le Dr Raillard, qui a longtemps disposé d'un bureau au ministère des Affaires sociales, où il était chargé de mission, jouera un rôle clé, sous la cohabitation, dans l'acquisition d'un deuxième appareil Fonar par l'hôpital Foch, à Suresnes. Entendu comme témoin, le 28 septembre 1993, l'ami du Président opposera, sauf exception, deux formules évasives à la curiosité du magistrat : « il est possible que » et « je ne m'en souviens pas ». Exemple :

Le conseiller : « Il résulte des télex (...) que vous avez joué un rôle actif pour l'obtention de la deuxième autorisation (Foch). »

Dr Raillard : « Il est possible que j'aie donné mon opinion au ministère selon laquelle il serait intéressant d'examiner cet appareil. »

Le conseiller : « Le docteur Nguyen vous a-t-il fait part des largesses de Fonar pour des officiels du ministère de la Santé en vue de l'implantation en France de Fonar ? »

Dr Raillard : « Je ne me souviens pas qu'il me l'ait dit, et je pense que s'il l'avait fait je m'en serai rappelé. »

Le conseiller : « Selon une lettre du 28 juillet 1987, RLS vous présente ses compliments pour la décision ministérielle autorisant l'installation d'un Fonar à l'hôpital Foch. »

Dr Raillard : « Nous voulions connaître cet appareillage pour faire de l'espionnage industriel. »

Le conseiller : « Vous souvenez-vous d'une intervention de M. Nguyen afin d'appuyer la candidature de votre fille à Harvard ? »

Dr Raillard : « C'est possible. Je considère que M. Nguyen est un voyou. »

Pas de pitié pour la Santé ! Dans cette formidable foire d'empoigne la qualité et le prix sont parfois secondaires. Non seulement la technologie Fonar, restée sans lendemain, n'était pas le meilleur choix, mais l'équipe de Mme Dufoix avait accepté de payer le premier appareil à prix d'or : 21 millions, soit environ deux fois sa valeur ! Il sera finalement payé 16 millions par la droite.

Pendant que se poursuivent ces marchandages, la filière française de l'imagerie médicale bat de l'aile et va bientôt voler en éclats. Malgré une décennie de subventions massives et de protectionnisme, la Compagnie Générale de Radiologie (CGR), une filiale du groupe Thomson qui fabrique des scanners, accumule les pertes. En 1987, la droite, fidèle à ses principes libéraux, autorise Thomson à céder la CGR à son principal concurrent, le géant américain General Electric. Ainsi disparaît l'un des fleurons de la recherche et de la technologie nationales. Et avec lui, une bonne partie de l'industrie française de l'imagerie médicale. L'une des cinq grandes au monde, avec celles des Etats-Unis, d'Allemagne, du Japon et d'Israël. Un secteur qui faisait vivre des milliers de chercheurs et de techniciens, dans des dizaines d'entreprises.

Un « immense gâchis », estimera un rapport officiel

remis au ministre du Commerce extérieur, Michel Noir, en 1988. Il est bien temps ! Pourtant, la France n'a pas fini de payer le prix d'une formidable gabegie à laquelle tant de gens ont participé. En toute impunité.

Chapitre 10

Main basse sur la ville

Que peut bien faire Renaud Van Ruymbeke avenue de la Libération, à Nancy, dans les locaux de Pont-à-Mousson, ce 23 juin 1993, à 8 h 30 du matin ? Et qui plus est accompagné de policiers. Le premier élu socialiste venu répondrait sans hésiter, tant cela semble aller de soi, que le juge est sans doute là pour persécuter le Parti socialiste.

Depuis bientôt deux ans, le PS a fonctionné sur ce postulat : Van Ruymbeke est un juge partisan qui ne s'en prend qu'aux socialistes. C'est, on l'a vu, une certitude massive, que les ténors du PS ont tout fait pour accréditer. A qui ose en douter, on jette au visage les jalons du chemin de croix : Urba, SAGES, Trager, Dufoix. Rien que des « affaires » socialistes ! D'ailleurs, ce qui conduit le magistrat rennais à Nancy, n'est-ce pas, encore une fois, une « affaire Trager » ?

Et si ceux qui raisonnent de la sorte avaient tout faux ? La visite de Van Ruymbeke au siège de Pont-à-Mousson va montrer qu'il n'est pas sectaire. Et que, le cas échéant, il peut passer sans états d'âme de la gauche à la droite, poursuivant les délits avec la même rigueur. Suprême ironie : c'est le même magistrat et le même intermédiaire qui vont faire le lien entre les affaires du PS et celle du PR. Comme s'il eût été injuste, dans cette interminable saga du financement occulte, de ne voir qu'un seul parti épinglé ! Comme si une sorte de justice immanente était venue rappeler que la gauche n'avait pas — loin de là — le monopole des scandales !

C'est par hasard que l'affaire Trager a rebondi en direction du Parti républicain, l'une des composantes de la majorité élue en mars 1993. En novembre 1992, alors qu'il examine les relevés bancaires de René Trager à Lausanne, Van Ruymbeke a la surprise de découvrir un virement imprévu. Le 26 février 1988, le Crédit Suisse de Genève a versé sur le compte du Nantais, à la Banque Vaudoise de Crédit, 1 067 440 francs suisses. Soit 4,4 millions de francs français. Deux fois la commission encaissée par Trager dans l'affaire de l'IRM Fonar que Van Ruymbeke est en train de vérifier. L'argent a été retiré en plusieurs fois, entre février et avril 1988. S'agit-il d'autres commissions Fonar ? Pour le moment, le conseiller n'a pas le temps de s'occuper de ce mystère. On verra plus tard.

Le 4 mars 1993, Trager marque le coup lorsque le juge, sans crier gare, mentionne à bout portant le virement de 4,4 millions et enchaîne avec la question rituelle : « D'où vient cet argent ? » La poisse ! Jamais il n'aurait imaginé voir ressortir ce cadavre des oubliettes de la comptabilité suisse. Le Nantais est coincé. D'un côté, il n'ignore pas le potentiel dévastateur de cette affaire. De l'autre, il connaît trop le juge pour imaginer qu'il puisse se contenter d'une réponse dilatoire. Il a flairé une nouvelle « affaire » ; il fera tout pour aller jusqu'au bout.

Depuis deux ans, Van Ruymbeke n'a pas abusé de la prison. Il n'y a envoyé qu'une seule personne : Michel Reyt. En fait d'autres magistrats ont la main autrement plus lourde dans des dossiers bien plus légers. Question de philosophie. René Trager et son avocat n'ignorent pas cette mansuétude. Mais ils savent aussi que leur dossier, plein de demi-vérités et de zones d'ombre, reste chargé. Bref, il ne manquerait pas de raisons pour remettre Trager en prison. De plus le Nantais vient d'établir sa crédibilité dans l'affaire de l'IRM. C'est capital pour la suite car Trager est loin d'être sorti de l'auberge. Donc, pas question de tergiverser.

Une fois de plus, dans ce bureau devenu le cadre familier de ses confessions, Trager passe aux aveux. L'argent, dit-il, est celui d'une commission versée par la société Pont-à-Mousson pour l'obtention d'un marché d'adduction d'eau à Nantes. Ayant lâché ce pavé, il entre dans le détail. En 1987, Bernard Lebœuf, ce cadre de la société Streichenberger, déjà croisé dans le sillage du gros René, lui propose un rôle d'intermédiaire dans une « affaire » qu'il met au point avec Jean-Pierre Lapègue, un conseiller municipal (PR) chargé des questions d'eau, et Bernard Bouchet, le représentant local de Pont-à-Mousson. Le montage est simple : Lapègue favorise l'attribution du marché à Pont-à-

Mousson ; en échange, l'entreprise lorraine rétrocède une commission équivalant à 8,5 % du montant des travaux (55 millions de francs).

Selon Trager, le directeur commercial des fonderies, Jean-Louis Pierquin, donne son accord pour la commission lors d'un déjeuner offert aux quatre Nantais chez Lasserre, en septembre 1987 à Paris. Il est alors convenu que Trager recevra 400 000 francs d'honoraires dans un délai d'un mois. Ce qui sera fait, et facturé au titre d'une mission commerciale de l'intéressé... au Cameroun. Trager rédige ensuite une convention qui prévoit, entre autres clauses, que l'argent ne sera versé ni en France, ni dans un pays de l'OCDE. L'accord sera signé au siège de Pont-à-Mousson, dans le bureau du successeur de Pierquin, Daniel Druart. Lapègue signe « pour le maître d'ouvrage » (la mairie de Nantes), Bouchet pour Pont-à-Mousson, Trager pour l'une de ses sociétés taxis, SOGECI. Personne alors ne formule d'objection.

En janvier 1988, le directeur général de Pont-à-Mousson, Pierre Blayau, informé de l'affaire, exige que la convention soit détruite. Sans pour autant remettre en question la commission, affirme Trager. Tout cela est confirmé, peu après, au cours d'un dîner qui réunit, au George-V, Blayau et le quatuor nantais au complet. Le document est détruit. Le mois suivant, avant même que le marché ne soit conclu, Pont-à-Mousson fait virer les 4,4 millions de francs en Suisse. Trager affirme avoir tout reversé, en liquide, à Lapègue. Il remet au juge un reçu détaillé dans lequel l'ex-conseiller municipal reconnaît être le destinataire des fonds.

Une fois de plus, Van Ruymbeke est perplexe. Pressent-il qu'en s'attaquant à cette histoire il rallume un volcan ? Imagine-t-il jusqu'où elle risque de l'entraîner ? Pour le moment, sa tâche est de confronter la version donnée par Trager à celle des autres intéressés. De plonger, une nouvelle fois dans la complexité et les contradictions d'une enquête. Sans perdre de temps.

Dès le lendemain, Van Ruymbeke fait entendre Jean-Pierre Lapègue par la police judiciaire de Nantes. Curieux personnage que cet ancien avocat, radié du barreau et contraint de démissionner de son poste au conseil municipal en 1987 pour malversations financières. A quarante-deux ans, reconverti dans le conseil financier, cet homme qui menait grand train dans les années 84-85 semble désormais vivre chichement. Devant l'inspecteur qui le questionne, il s'emmêle dans les contradictions. Il jure tout ignorer des 4,4 millions. Puis, se ravise. Tout bien réfléchi, il en a été informé. Il a aussi été en contact avec les entreprises candidates au marché d'adduction d'eau, mais il n'avait aucun pouvoir. Tout dépendait de son patron, l'adjoint aux Travaux, Loïc Sparfel. Enfin, il n'a jamais reçu l'argent de la commission. Et s'il a signé un reçu affirmant le contraire, c'était sous la contrainte de Trager.

Mais où sont les millions ? Pour se faire une idée, le magistrat décide d'entendre l'état-major de Pont-à-Mousson. Ce qu'il fait, en mai et juin 1993, après avoir perquisitionné au siège de l'entreprise et mis ses dirigeants en examen pour « trafic d'influence aggravé ». Premier en piste : Jean-Louis Pierquin, directeur commercial de janvier 1986 à novembre 1987. Il a bien rencontré Trager, mais il est catégorique : il n'a pas été question d'une commission au cours du fameux déjeuner chez Lasserre. Il s'est borné à prendre acte des propositions faites par l'intermédiaire nantais. Pour le reste, il n'a « plus eu d'écho » de cette affaire. Fin 1987, il a quitté Pont-à-Mousson, pour entrer chez Usinor-Sacilor. Il ignore ce qui a pu se passer par la suite, la commission ayant été versée après son départ. Un argument que son avocat, l'habile Olivier Metzner, ne manquera pas de souligner.

Le 4 juin 1993, c'est au tour de Pierre Blayau de faire le voyage à Rennes. La quarantaine distinguée, c'est un pur produit de l'élitisme hexagonal : Normale sup, ENA, Inspection des Finances. Après huit années à Saint-Gobain, il a pris la direction générale de la filiale Pont-à-Mousson. Il vient juste de la quitter, en mai, pour entrer au groupe Pinault comme PDG du Printemps. Aux côtés d'un autre énarque, de gauche comme lui, Jean-Paul Huchon, ex-directeur du cabinet de Michel Rocard à Matignon. Un parcours exemplaire pour un homme plein d'avenir.

Reste que ce 4 juin 1993, c'est du passé dont il est question. D'entrée de jeu le magistrat signifie à Blayau les charges retenues contre lui : « trafic d'influence aggravé pour avoir, courant 1987 et 1988, usé, en qualité de dirigeant de Pont-à-Mousson, de promesses, dons ou présents, ou cédé à des sollicitations tendant à la corruption, même sans en avoir pris l'initiative... » Un délit qui peut valoir jusqu'à dix ans de prison. Blayau sait, tout comme son avocat, le bâtonnier Guy Danet, qu'il n'a pas intérêt à mener Van Ruymbeke en bateau. A son tour, il donne sa version des faits.

C'est vrai, il a bien accepté de verser les 4,4 millions de francs sur le compte de Trager en Suisse. Mais, ajoute-t-il en substance, si j'ai agi ainsi, c'est parce que j'ai cédé à un chantage de l'industriel nantais. Et Pierre Blayau d'expliquer que lui-même et son PDG étaient hostiles au paiement de la commission. Ils ont tenu bon jusqu'à ce que Trager menace de tout déballer sur la place publique. Finalement, pour préserver la réputation de Pont-à-Mousson, ils ont décidé de payer. Blayau dit encore que Trager ne s'en est pas tenu là. Qu'à plusieurs reprises il a exigé un autre million. Mais, cette fois, la direction a tenu bon.

Bernard Novel, l'ancien PDG de Pont-à-Mousson, confirme cette version. En apportant une précision : la filiale brésilienne qui a payé la commission s'appelait Barbara et avait à sa tête un ancien journaliste, Jean-Jacques Faust, représentant de Saint-Gobain au Brésil. La déposition de Novel est cohérente. Sauf sur un point : il a du mal à expliquer pourquoi Pont-à-Mousson n'a pris aucune sanction contre son représentant nantais, Bernard Bouchet. « Ma préoccupation, explique-t-il à Van Ruymbeke, était tournée davantage vers le règlement de cette affaire que vers des sanctions. » Et d'ajouter : « J'ignore la répartition des tâches et des responsabilités entre la direction commerciale et les directions régionales. »

Bernard Bouchet, cadre sorti du rang et homme au franc-parler, confortera, pour l'essentiel, la version de ses anciens patrons. Tout en mettant les points sur les *i*. Il n'avait pas, à son niveau, le pouvoir d'engager la responsabilité de sa société. Aussi, lorsque Trager lui met le marché en main, il en réfère à ses supérieurs hiérarchiques. D'abord Pierquin, puis Druart. Il ajoute que si Druart avait été opposé à la signature de la convention, lui, Bouchet, n'aurait jamais signé. C'est clair et net. Il ne veut pas être seul à porter le chapeau. Il dit encore : « Deux ans après, j'ai été licencié économique. Cette affaire n'y est peut-être pas tout à fait étrangère bien que je n'en sois pas certain. »

Comment Van Ruymbeke ne serait-il pas perplexe à l'issue de cette première série d'auditions ? Certes, Trager n'a pas le beau rôle et la plupart des témoignages contestent une partie au moins de sa version. Reste de sérieuses interrogations. S'il y a bien eu chantage, pourquoi avoir payé ? En déposant plainte, les dirigeants de Pont-à-Mousson n'auraient-ils pas désarmé la bombe Trager ? Et maintenant que le mal est fait pourquoi ne le font-ils pas ? Pourquoi cet effacement, dans leurs propos, du rôle de Lapègue ? Enfin, où sont passés les 4,4 millions de francs ?

Au début de l'été 1993, le magistrat réalise que pour aller de l'avant il doit... revenir en arrière. Pour comprendre le contexte de l'époque et la position de la mairie. Après tout, c'est au nom de celle-ci que Lapègue a signé la convention. A son retour de vacances, passées, comme d'habitude, chez ses beaux-parents à Montceau-les-Mines, en compagnie de son épouse (magistrat, comme lui) et de leurs trois enfants, Van Ruymbeke décide d'entendre Michel Chauty, ancien sénateur et maire de Nantes, de 1983 à 1989.

Agé de soixante-huit ans et retiré de la vie politique, Chauty est un personnage pittoresque. Catholique pratiquant, père de dix enfants (dont l'un, Loïc, est juge d'instruction à Nantes), cet homme qui fut un temps représentant en lingerie fine est le prototype du notable de province. Un notable non conformiste et imprévisible. En 1987, seul contre tous ses amis du RPR, il juge « inéluctable » l'indépendance de la Nouvelle-Calédonie. Après avoir raflé la mairie de Nantes au socialiste Alain Chenard, en 1983, il s'illustre en supprimant les subventions accordées aux associations culturelles municipales. Et en refusant le petit jeu des commissions et des marchés truqués. Il l'a fait savoir haut et fort : pas de trafics à la mairie. Résultat, en quelques mois, Chauty s'est mis à dos pas mal de gens. Et pas seulement chez ses adversaires.

Que dit cet homme singulier au juge qui l'entend comme témoin le 14 septembre 1993 ? D'abord qu'il a appris récemment, par la presse, l'histoire de la commission versée par Pont-à-Mousson. Mais il se souvient, à propos du marché d'adduction d'eau, qu'en 1987, « entre la date de l'appel d'offres et celle de l'ouverture des plis, deux messieurs (...) qui représentaient Pont-à-Mousson ont tenté de monter une combinaison pour obtenir le marché de tuyauteries en me proposant, sans détour, d'aider mon parti politique ». Il a « refusé catégoriquement ». Il a aussi pris la présidence de la commission d'appel d'offres pour éviter que des manœuvres ne se produisent dans son dos. « Je dois vous dire, en effet, ajoute Michel Chauty à l'intention du magistrat, que l'adjoint aux Travaux, M. Sparfel, et M. Lapègue, chargé des eaux, étaient les deux seuls conseillers qui m'avaient été imposés par Paris. » Une précision qui n'est pas innocente, surtout quand on sait que Sparfel était jusqu'en 1983 président de la fédération régionale du Parti républicain. Un poste auquel il reviendra en 1992.

Enfin, sur sa lancée, Chauty révèle qu'« en 1983, lors de la campagne municipale, deux intermédiaires, Fitoussi et Boukobza, avaient proposé leurs services au RPR pour quêter des fonds, ce qui avait été refusé ». D'où sa surprise d'apprendre, en 1985-1986, par une jeune conseillère municipale du PR, que les adjudicataires de marchés passés par la ville reversaient des fonds à Fitoussi. Convoqués par le maire, Sparfel et Lapègue joueront les étonnés [1].

Ce à quoi le maire fait allusion est une affaire qui a

1. Dans sa déposition, l'ancien maire signale deux autres tentatives de corruption (à l'occasion des marchés du pont de Cheviré et du Palais des Congrès, tous deux d'une valeur de 520 millions de francs), dans lesquelles « Sparfel et Lapègue étaient à nouveau en cause ».

défrayé la chronique nantaise en 1986. En 1983, après avoir essuyé le refus du RPR, Claude Boukobza et Claude Fitoussi — surnommés les deux Claude — se font embaucher par le PR. Dûment accrédités par la direction de ce parti, ils vont opérer dans un dizaine de fédérations régionales. Chaque semaine, du mardi au vendredi, ils sont à Nantes, à l'hôtel Frantel, pour démarcher les entreprises et collecter des fonds à l'occasion des marchés passés par la ville. Des marchés sur lesquels Loïc Sparfel a la haute main. Fitoussi et Boukobza auraient ainsi récolté discrètement, en deux ans, de 5 à 10 millions de francs. Tout baigne jusqu'au jour où une militante découvre le pot aux roses.

Le juge ne tardera pas à apprendre l'histoire de la bouche même de celle par qui le scandale est arrivé, Anne-Françoise Kerrand, une institutrice de trente-trois ans, qui était à l'époque membre (PR) du conseil municipal. Au cours de l'été 1985 elle se rend avec un autre militant à la permanence nantaise du Parti républicain pour trier bénévolement le courrier. Surprise ! Elle tombe à deux reprises sur des lettres d'une société faisant état d'accords passés avec Fitoussi pour l'obtention de marchés, en Loire-Atlantique et dans le Puy-de-Dôme. Des lettres sans ambiguïté. La jeune femme s'interrogeait depuis quelque temps sur le train de vie et « l'argent facile » du PR de Loire-Atlantique. La réponse est là, noir sur blanc : corruption.

Militante sincère, encore pleine d'illusions, Anne-Françoise Kerrand, adresse *illico* une copie des lettres à Michel Chauty, puis au président (PR) du conseil général, Charles de Cossé-Brissac. Rien ne se passe. Elle décide de frapper plus haut. En appelant, à Paris, Yannick Favennec, qu'elle a connu chez les jeunes giscardiens. Favennec, devenu l'attaché de presse de François Léotard, promet d'en parler à son patron. Les semaines passent. Toujours rien. La jeune femme appelle, cette fois, le trésorier adjoint du PR, Jean-Pierre Thomas, lui aussi ex « jeune giscardien ». Mais, dira la jeune femme au juge : « Il m'a dit que j'avais soulevé le couvercle de la marmite du PR et que cela sentait tellement mauvais qu'il préférait le refermer. »

A dater de ce jour, Anne-Françoise Kerrand n'aura plus de nouvelles de son parti. Elle aura, en revanche, des coups de téléphone anonymes pendant un an. Ecœurée, elle claque la porte, en mai 1986, entraînant derrière elle 23 des 55 responsables PR de Loire-Atlantique dégoûtés, eux aussi, par l'attitude de leur parti. L'affaire fait du bruit et entraîne la démission du président départemental du PR, Yves Brasselet, premier adjoint du maire (RPR) de La Baule, Olivier Guichard. Quant à Loïc Sparfel, dont le nom est au cœur de la tourmente, il dément farouchement : « Il n'y a jamais eu de liaison entre les travaux de Nantes et la société parisienne (la SNCP, dirigée par Fitoussi et Boukobza) qui démarchait des entreprises pour le compte du PR. Je n'en avais même jamais eu écho. »

Un tel aplomb met Fitoussi hors de lui. Dans une interview à *Presse Océan,* il met les points sur les *i* : « A Nantes, les interventions étaient dûment télécommandées de l'intérieur de la mairie. Boukobza et moi-même, nous étions prévenus des appels d'offres des différents marchés de la ville, à l'issue de la réunion du jury. » C'était alors un jeu d'enfant d'aller négocier une commission avec les entreprises sélectionnées, en leur garantissant le marché. Suit le coup de grâce : « C'était Sparfel qui nous alertait. »

Ce flot de révélations laisse la droite nantaise sens dessus dessous. Mais, même étalé sur la place publique, il n'émeut guère la justice. Tout au plus le scandale entraîne-t-il un contrôle fiscal de la SNCP. Les polyvalents découvrent ainsi que François Léotard s'est fait offrir son tour de France aérien, pour la campagne des législatives de 1986, par une entreprise nantaise de travaux publics. Joli cadeau quand on sait que l'heure de vol coûtait, à l'époque, 4 000 francs, hors taxes. Pourtant, ni le garde des Sceaux, Albin Chalandon, ni le procureur de Nantes de l'époque ne jugeront utile d'ouvrir une information. Revenus au pouvoir, les socialistes ne seront, évidemment, pas plus curieux. Il est vrai qu'ils pratiquent les mêmes rackets dans les banlieues de l'agglomération nantaise, et qu'ils vont bientôt conquérir la mairie. Jean-Marc Ayrault succédera à Michel Chauty...

En septembre 1993, après avoir entendu différents protagonistes (à l'exception de Boukobza, qui se serait exilé en Israël), Van Ruymbeke a une vision plus claire d'un certain passé nantais. Ce n'est pas pour l'étonner. Reste qu'il n'a toujours pas retrouvé ses millions. Loïc Sparfel aurait-il une idée sur la question ? Le 17 septembre, le juge a fait perquisitionner chez Sparfel. Dix jours plus tard, il interroge cet homme de cinquante-six ans au visage sévère, orné d'une barbe noire. D'entrée de jeu, c'est l'affrontement. Sparfel ne varie pas d'un iota par rapport à 1986. Il bétonne. Témoins, ces extraits de procès-verbal :

Le conseiller : « Selon Jean-Pierre Lapègue, il y a eu des trafics d'influence sur les marchés de la ville de Nantes depuis 1984-1985, jusqu'à 1986 au moins. Il a précisé que vous lui aviez confié des renseignements sur les marchés de Nantes pour MM. Fitoussi et Boukobza. Quelles sont vos observations sur ces déclarations ? »

Loïc Sparfel : « J'ignore s'il y a eu des trafics d'influence sur les marchés de Nantes entre 1984 et 1988. Quant aux propos de M. Lapègue, c'est faux. »

Le conseiller : « M. Lapègue a ajouté que lors d'une réunion du PR, vous avez admis avoir fait remonter de l'argent à Paris grâce à MM. Boukobza et Fitoussi, afin de financer les dépenses du PR et notamment celles de M. Léotard lors de son tour aérien en France. »

Loïc Sparfel : « C'est faux. »

Le conseiller : « M. Lapègue a précisé qu'après 1986 les entreprises ont continué à financer le PR sur les mêmes bases qu'avant. »

Loïc Sparfel : « Je l'ignore. »

Le conseiller : « La commission de 4,4 millions versée par Pont-à-Mousson sur un marché de la ville de Nantes était-elle destinée à un financement politique ? »

Loïc Sparfel : « Je l'ignore. »

Le conseiller : « Existait-il, à l'époque, un financement occulte du Parti républicain, tant à l'échelon départemental qu'à l'échelon national ? »

Loïc Sparfel : « Je l'ignore, n'étant ni le président ni le trésorier du PR de Loire-Atlantique pendant cette période. »

Loïc Sparfel n'est pas né de la dernière pluie. Il sait que les faits qui peuvent lui être reprochés sont non seulement prescrits mais aussi couverts par les lois d'amnistie. Dans ces conditions, à quoi bon parler ? Mais Van Ruymbeke ne lâche pas prise. Il montre à Sparfel des pièces saisies le 17 septembre à son domicile : un billet d'avion, une invitation, un carnet de bons d'essence... Sparfel est contraint de répondre.

Le billet d'avion, payé en 1986 par la Sade, une entreprise de BTP ? Une invitation à Rome, en compagnie de son épouse. Le carton ? Une invitation de l'entreprise de travaux publics CBL, voyage payé, au tournoi des Cinq Nations. Les bons d'essence ? Un cadeau de l'entreprise de travaux publics Colas, en 1984-85. L'ancien adjoint aux Travaux passe un mauvais moment. Il doit bien reconnaître que la Sade et Colas travaillent pour la ville de Nantes, tandis que CBL soumissionne plutôt pour la construction des lycées et universités dépendant du conseil régional, où Sparfel fait partie... de la Commission des marchés.

Ouf! l'interrogatoire touche à sa fin. Sparfel s'apprête à quitter le bureau du magistrat, quand celui-ci l'arrête d'un geste. Ce n'est pas fini. Il lui fait écouter une cassette que Trager a enregistrée, fin 1987, et dans laquelle Lapègue, que Chauty vient d'écarter du conseil municipal, fait part de ses inquiétudes. « J'ai dit à Loïc et à ses amis : tout ce qui s'est fait, je sais tout, je suis au courant de tous les dossiers. Je ne dirai rien, vous avez ma parole, il n'y aura pas de vagues. Si vous pouvez me donner un petit coup de main pour sortir, c'est bien, je disparaîtrai. » Plus loin, Lapègue, qui parle à Trager en présence d'un chef d'entreprise, dit : « Je vais te dire ce que voulait Chauty. C'est que je balance les dossiers. Bon (...) je suis un grand garçon, on connaît le milieu, un peu. Je tiens pas à prendre trois bastos. »

Après un silence, le juge relance Sparfel : « De quels dossiers s'agit-il ? » Réponse : « Je l'ignore. J'ignore de quoi il est question. » L'homme qui a eu la haute main sur les marchés publics nantais de 1983 à 1989 tient bon. Pour les entreprises impliquées dans les affaires de pots-de-vin, pour la direction du PR, il est le dernier verrou. Qu'il parle, qu'il montre les liens unissant les divers éléments entre eux, par exemple la fédération PR de Loire-Atlantique et la trésorerie du PR à Paris, serait une catastrophe.

Sparfel est impénétrable, mais il a un point faible : son ancien adjoint, Jean-Pierre Lapègue, que le conseiller avait déjà fait interroger, en juin, par la police. Le 15 octobre, il est là, devant lui, accompagné par son avocat, Bertrand Maillard. Nerveux, résigné, il confirme tout, sans se faire prier. Et d'abord, que « le Parti républicain à l'échelon national était parfaitement au courant ». La preuve ? « Peu après l'élection (municipale) de 1983, M. Longuet est venu à Nantes. Il était trésorier du PR, je devais être secrétaire fédéral et Sparfel président de la fédération (de Loire-Atlantique). Il nous a clairement dit qu'il espérait que nous participerions au financement national, il nous a demandé quels étaient les gros dossiers en vue à Nantes et nous a demandé de le tenir informé. Nous connaissions de longue date M. Longuet. Sparfel lui a exprimé des réticences, trouvant cela déplacé, notamment à l'égard de M. Chauty. »

Lapègue explique qu'en 1984 Fitoussi et Boukobza ont été officiellement présentés, à Paris, à un conseil national du PR réunissant des responsables des fédérations. Il confirme les activités des deux compères à Nantes, et ajoute : « Après les incidents de 86, Boukobza est revenu à Nantes (...). Je suis convaincu que le réseau a continué à fonctionner. Sparfel avait l'ambition de devenir maire de Nantes et il était appuyé par le PR national ; or, une campagne coûte cher ; à mon avis de 4 à 5 millions pour une ville comme Nantes. »

Fin 1988, Sparfel lui a conseillé de partir dans le Midi et lui a remis 30 000 francs. « Il m'a fait part des bruits concordants concernant la commission Pont-à-Mousson. Je suis resté évasif, mais je lui ai dit que je serais surpris que le PR n'ait pas eu d'avantages sur le marché de la prise d'eau. En effet, compte tenu du contexte, il me paraît impensable que les entreprises qui ont eu le marché (en dehors de Pont-à-Mousson) n'aient pas été sollicitées. Pour être clair, je vise Devin-Lemarchand. A titre d'exemple, la photocopieuse du

PR était au nom de Devin-Lemarchand »[1]. Pourquoi cette conviction ? La réponse fuse : « Je répète que tous les marchés nantais donnaient systématiquement lieu à versement de commissions par les entreprises. »

Eclairant les propos qu'il tient sur la cassette, Lapègue indique que, fin 1987, à l'époque où il était engagé, aux côtés de Trager, dans l'affaire Pont-à-Mousson, il était « à bout ». Il « menaçait d'informer Chauty ». Les dirigeants de Devin-Lemarchand — qui, selon lui, contribuaient au financement du PR en accord avec Sparfel — lui ont alors « demandé de rentrer dans le rang ». Par la suite, l'ancien avocat, empêtré dans des démêlés judiciaires, semble avoir été tenu à l'écart. Il conclut sur une note d'amertume : « Sparfel est un ami depuis une vingtaine d'années. On faisait du bateau ensemble ; c'était un véritable ami. Je ne l'ai pas revu depuis deux ans. »

Quel tableau ! Chacun se tient. Depuis huit mois, Van Ruymbeke a pas mal avancé dans cette galerie balzacienne. Appris pas mal de choses et levé quelques lièvres. Là-dessus, aucun doute. Mais la commission ? Les 4,4 millions ? Ce fil ténu qui justifie ses acrobaties et ses fouilles dans le passé ? Toujours rien. Toujours portée disparue. Motus et bouche cousue.

Une nouvelle fois, alors que l'enquête menace de tomber dans l'impasse, un rebondissement imprévu va

1. C'est Devin-Lemarchand, associé à d'autres entreprises, qui emportera le contrat global d'adduction d'eau. Un marché de plus de 500 millions.

la relancer. Van Ruymbeke a envoyé des enquêteurs du SRPJ rennais à Paris pour procéder à des vérifications. Sait-on jamais ?... Et comme le monde des « affaires » est petit, ils reviennent avec une piste qui vaut ce qu'elle vaut, mais sur laquelle le juge se lance *illico*. Ce que les limiers rennais ont découvert c'est qu'en 1988 le Parti républicain a acheté à deux pas de l'Assemblée nationale un appartement appartenant à... Michel Reyt ! A peine croyable ! Non seulement l'affaire démarre fortuitement avec Trager, mais elle rebondit avec Reyt. Deux courtiers socialistes dans les affaires de gros sous du PR ! On croit rêver. Mais on ne rêve pas. Décidément, les investigations du magistrat n'en finissent pas de réserver des surprises.

L'affaire qui va permettre à Van Ruymbeke de mettre son nez dans les comptes du PR est la suivante. En 1986, les dirigeants de ce parti acquièrent un appartement au premier étage d'un immeuble qui fait l'angle des rues de Constantine et de l'Université. L'accord est signé entre Axamur, une filiale de la compagnie d'assurances Axa propriétaire des locaux, et la SCI (Société Civile Immobilière) Constantine, regroupant le président du PR, François Léotard, le vice-président, Alain Madelin, le secrétaire général Gérard Longuet et le trésorier Jean-Pierre Thomas. Le prix de vente est de 15 millions de francs. La formule retenue est le crédit-bail. Les mensualités sont fixées à 1,8 million de francs. Pendant quinze ans !

Mais les nouveaux locataires sont mauvais payeurs. En 1988, compte tenu d'un arriéré important, ils empruntent 12 millions et demi de francs à la Saari-Seri du promoteur Christian Pellerin, au taux annuel de 3 %, pour cinq ans. L'argent sert à payer Axamur et à renégocier le crédit-bail dans de meilleures conditions. Toujours en 1988, malgré leurs difficultés financières, les dirigeants du PR achètent des bureaux situés au rez-de-chaussée de l'immeuble et appartenant à... Michel Reyt. Le patron de la SAGES leur vend 8 millions de francs ces locaux payés 1,8 million trois ans plus tôt. En fait c'est la Soredim, une filiale de la Cogédim, qui est l'acheteur. Elle aussi consent un crédit-bail aux quatre mousquetaires du PR. Mais, là encore, ils accumulent du retard. A la date limite de la fin 1993, ils devaient encore une vingtaine de millions de francs dans ces affaires immobilières.

En octobre 1993, le juge Van Ruymbeke, dont le dossier s'épaissit au fil des investigations, est intrigué par plusieurs points qu'il va chercher à tirer au clair en procédant à l'audition de Jean-Pierre Thomas. Premier point abordé avec le député des Vosges à l'allure de jeune cadre BCBG : la SCI Constantine. Pourquoi avoir choisi cette formule qui fait de MM. Léotard, Madelin, Longuet et Thomas, et non pas du PR lui-même, les propriétaires exclusifs des locaux de leur parti ? D'autant plus qu'il n'existe aucune convention entre la SCI et le PR. Le montage est tellement inhabituel que ses membres viennent d'avoir recours à un trucage grossier pour tenter de le camoufler. Ils ont remplacé une page des statuts d'origine par une autre, plus récente, dans laquelle ils disparaissent tous les quatre au profit de deux entités politiques, le Parti républicain et l'Association Constantine[1].

Mais le conseiller n'est pas dupe. A Jean-Pierre Thomas qui lui remet le document, il demande froidement : « Pour quelle raison m'avez-vous remis des statuts datés du 8 septembre 1986 indiquant comme porteurs de parts les deux associations alors qu'en réalité elles n'auraient acquis les parts que cette année ? » Réponse : « Notre expert-comptable a fait enregistrer une cession de parts, nous avons légalement enregistré la modification des statuts et l'expert-comptable m'a affirmé qu'il fallait modifier les statuts d'origine et que la présentation actuelle est la bonne. »

Second point : les conditions anormalement avantageuses consenties au PR par ses partenaires immobiliers. Ne s'agirait-il pas d'un cadeau déguisé ? De sommes qui n'étaient pas destinées à être payées avant l'irruption de la justice ? Non, répond Thomas, qui affirme que le PR attendait pour régler ses dettes de recevoir une vingtaine de millions au titre des subventions publiques aux partis politiques. Mais quelle considération a pu pousser la Saari-Seri à prêter une douzaine de millions au taux de 3 % ? Thomas l'ignore : « C'est une décision de la Saari, prise en fonction de ses critères et pas des nôtres. » Le juge insiste : « Comment expliquez-vous l'attitude de la

1. Cf. l'article de Laïd Sammari paru dans *l'Est républicain* le 24 novembre 1993 : « Le PR dans les filets du juge Van Ruymbeke ».

Saari qui n'a pas réclamé son dû puisque vous n'avez commencé à rembourser le prêt que courant 1990 alors que les échéances semestrielles s'élevant à 1 355 000 francs ont commencé à tomber dès le 30 septembre 1988 ? » Réponse du trésorier : « Dès lors qu'ils avaient en face d'eux un parti politique et que nous avions par ailleurs pris tous les engagements de payer, la Saari a été plus conciliante. »

Est-ce bien la seule raison ? N'y a-t-il pas eu d'autres engagements, moins avouables ? Le juge a quelque motif d'être perplexe et il n'est pas au bout de ses surprises. En épluchant les comptes du PR et des sociétés impliquées dans cette affaire, ses policiers font bientôt des découvertes qui ne manquent pas d'intérêt. Ils repèrent, d'abord, une grosse remise d'argent liquide (1,2 million de francs en billets de 500), effectuée sur un compte du PR au CCF, le 8 mars 1988. Oubli ? Le bordereau de dépôt n'est pas signé. Coïncidence ? Celui-ci intervient six jours après le retrait d'une partie de la commission Pont-à-Mousson par Trager sur son compte suisse [1].

Ensuite, l'examen d'autres comptes parisiens du PR (Crédit Lyonnais, Banque régionale de l'Ouest, banque de Baecque-Beau) fait apparaître de nombreux versements en espèces. Près de 30 millions de francs au

1. A l'agence centrale du CCF, aux Champs-Elysées, on dira aux enquêteurs qu'il n'est pas rare de recevoir de telles sommes en liquide.

cours des cinq dernières années[1]. Selon Jean-Pierre Thomas, il s'agit soit de dons effectués dans le cadre de la loi, soit de faits amnistiés ou prescrits. Mais Van Ruymbeke n'est pas prêt à prendre ces explications pour... argent comptant. En effet, une partie des versements est postérieure à la loi de 1990 qui impose aux partis de tenir une comptabilité détaillée de leurs financements. Leurs recherches conduisent, par ailleurs, les enquêteurs à s'intéresser à une régie publicitaire étroitement liée au Parti républicain, le GRR (Groupement des Régies Réunies). Domicilié dans les locaux du parti et dirigé par Jean-Pierre Thomas (pour un salaire de 600 000 francs par an), le GRR négocie la vente aux grandes entreprises d'espaces publicitaires dans des revues spécialisées. Le système, éprouvé et d'une grande simplicité, permet, par le biais d'une surfacturation, de contribuer discrètement à la trésorerie d'un parti. Dans un deuxième temps, l'argent versé au GRR est transféré par le trésorier sur les comptes du PR. Parmi les entreprises qui alimentent la régie on retrouve de grands noms : Sogea, Screg et surtout la Compagnie Générale des Eaux (CGE), avec de gros

1. M. Thomas estimera d'ailleurs ce total au-dessous de la réalité. Pour avoir une idée des sommes en jeu, ce qui est difficile, il convient d'ajouter à ces 30 millions de contributions occultes les crédits officiels de l'Etat aux partis, les dons et cotisations de militants (quand il y en a vraiment, ce qui est de moins en moins le cas) et les versements aux associations de financement des partis, que la loi autorise dans certaines limites.

paiements. Par exemple, 1,5 million de francs, en mars 1988 [1].

Van Ruymbeke et ses enquêteurs sont vite convaincus que la régie est, en quelque sorte, l'Urba du PR. Sa pompe à finances occulte. A cette différence près que le Parti républicain ne semble pas s'être embarrassé des mêmes précautions, ni des mêmes scrupules, que le PS. Les trésoriers socialistes étaient prudemment éloignés du terrain et des basses besognes de la collecte de fonds par la structure d'Urba. Au contraire, dans le montage très direct du PR, le trésorier du parti et le gérant du GRR ne font qu'un. Et c'est lui qui gère les comptes et qui manipule l'argent. De surcroît, alors qu'Urba, conformément à la loi, a mis fin à ses activités en janvier 1990, le GRR semble avoir continué à récolter des gros sous comme si de rien n'était...

Compte tenu de ces développements, et des masses d'argent d'origine suspecte qu'ils font apparaître, le juge, qui cherche toujours la commission envolée, décide d'entendre une nouvelle fois Jean-Pierre Thomas. Mais, contre toute attente, le trésorier, convoqué

1. La CGE, tout comme Saint-Gobain, semble avoir joué un rôle non négligeable dans cet imbroglio politico-financier. C'est elle qui a emprunté, au taux de... 9 %, les millions que la Saari-Seri, dont elle est l'actionnaire majoritaire, a prêtés à la SCI à 3 %. Elle possède, par ailleurs, des participations croisées avec Saint-Gobain, la maison mère de Pont-à-Mousson. Saint-Gobain dont la filiale brésilienne Barbara a fourni les 4,4 millions de la commission. Et dont le président est aussi vice-président de la CGE. Comment se défaire de l'impression que tout se tient ? Que tous se tiennent ?

le 14 décembre à 9 heures, ne se présente pas. Dans la matinée, il motive brièvement sa décision au magistrat par télécopie : l'audition allait « manifestement » porter sur des faits dont Van Ruymbeke n'est pas saisi. Par conséquent, le secrétaire général du PR, Philippe Vasseur, après avoir saisi le garde des Sceaux de cette « anomalie », lui a demandé de ne pas se rendre à Rennes. Pour les dirigeants du PR, le conseiller va trop loin. Il n'est pas chargé d'éplucher une comptabilité qui n'a, selon eux, rien à voir avec son enquête. Au risque de révéler l'identité de donateurs qui préfèrent garder leur générosité secrète.

Refus de comparaître, refus de témoigner, mise en cause du magistrat instructeur : en optant pour une stratégie de rupture et de confrontation ouverte à l'égard du juge Renaud Van Ruymbeke, les dirigeants du Parti républicain, à l'instar de ceux du Parti socialiste, déclenchent une épreuve de force dont ils ont peu de chances de sortir vainqueurs. Même s'ils ont choisi — dans un geste plus politique que juridique — d'y associer le garde des Sceaux, Pierre Méhaignerie. Le juge, en effet, est bien dans sa saisine, car il ne manque pas d'indices laissant penser qu'une partie de l'argent de la commission Pont-à-Mousson a pu aboutir, à travers divers écrans, sur les comptes du PR. Au contraire, tout un faisceau de présomptions justifie sa curiosité. A l'inverse, l'attitude des dirigeants du PR donne l'impression qu'ils veulent éviter d'avoir à justifier certains aspects de leur comptabilité.

Une fois de plus, c'est à la chambre d'accusation de la cour d'appel de Rennes de trancher ; et, une fois de plus, elle va conforter la position de son conseiller. Dans un arrêt rendu le 27 janvier 1994, la chambre se prononce pour la poursuite des investigations de Van Ruymbeke et ordonne la comparution du trésorier du Parti républicain en qualité de témoin. Une décision d'autant plus incontestable que le parquet général, représentant du garde des Sceaux, avait pris des réquisitions allant dans le même sens [1].

Le PR a subi un revers, mais le juge sait bien qu'il est loin d'avoir gagné la partie. D'abord, parce que sa marge de manœuvre, limitée à l'affaire de la commission Pont-à-Mousson, reste, malgré tout, étroite [2]. Ensuite, parce que rien n'oblige vraiment Jean-Pierre Thomas et le PR à coopérer avec la justice. Pas plus que naguère Henri Emmanuelli et le PS. Entendu une semaine plus tard, le député des Vosges va faire l'éclatante démonstration des avantages de cette option. Après quatre heures d'audition, le trésorier déclare à sa sortie : « Je n'ai révélé aucun nom. » Et ajoute que ce refus est pour lui « une question de

1. Contrairement à son prédécesseur souvent prompt à freiner les investigations du magistrat, Pierre Méhaignerie avait décidé de laisser ici la justice suivre son cours.

2. Beaucoup de faits découverts par Van Ruymbeke ne sont pas de son ressort. Il peut, s'ils lui semblent délictueux, informer le Parquet général de Rennes. Libre par la suite, à la Chancellerie de demander l'ouverture d'une information judiciaire.

déontologie et de morale ». La morale et la déontologie n'auraient-elles pas dû inciter un élu de la République comme M. Thomas à coopérer avec la justice et à lui rendre des comptes ?

Le juge paraissait dans l'impasse. Certes, il ne manquerait pas de dénoncer bientôt au parquet général de Rennes les faits susceptibles de poursuites pénales mis au jour par son enquête mais se trouvant hors de sa compétence. Tout cet argent tombant par valises entières sur les comptes du PR intéresserait sans doute la justice. Mais lui, comment retrouverait-il la trace de la commission Pont-à-Mousson, alors qu'aux deux extrémités de son instruction : à Nantes, avec René Trager et Jean-Pierre Lapègue, et à Paris, avec Jean-Pierre Thomas, on semblait bien décidé à garder le mutisme sur certains aspects de l'affaire ? Quel hasard, quelle confidence, quelle imprudence — enfin, quel grain de sable ? — viendrait cette fois, s'il venait, au secours du magistrat et de la justice[1] ?

Le juge en était là, le mercredi 2 février, en quittant son bureau, situé au deuxième étage de l'ancien parlement de Bretagne, dans le vieux Rennes. Deux

1. Van Ruymbeke a cru un moment établir le lien entre la commission de Pont-à-Mousson et le financement du PR au niveau national. Ses enquêteurs ont en effet mis la main en janvier 1994 sur trois reçus délivrés en 1988 par la Banque régionale de l'Ouest et signés apparemment Lapèque. Il n'en était rien : ces reçus portaient en réalité la signature d'une secrétaire du PR dénommée Mme Lapeyre.

jours plus tard, livré à de violentes manifestations, opposant pêcheurs et forces de l'ordre, le cœur historique de la capitale bretonne s'embrasait. Dans la nuit du 4 au 5 février, le parlement, ravagé par un incendie, partait en fumée. Le samedi matin, alors que les pompiers finissaient de lutter contre le feu, tout : les locaux de la cour d'appel, les bureaux des magistrats et des tonnes de dossiers, n'était plus que décombres calcinés. Comme ses collègues, comme des milliers d'habitants de la ville traumatisée, Van Ruymbeke, arrivé de bonne heure sur les lieux, ne pouvait que constater les dégâts. Et se demander pourquoi la réunion entre Edouard Balladur et les représentants des pêcheurs bretons en colère n'avait pas été organisée à la nouvelle préfecture, située à la périphérie, plutôt que dans le centre historique de Rennes ?

« Il ne reste rien », déclarait le conseiller après avoir inspecté les locaux calcinés avec l'aide des pompiers. Un désastre ! C'était à ne pas croire. Comme si le juge n'avait pas assez de difficultés dans sa recherche de la vérité, voilà qu'un mauvais sort décidait de lui compliquer la tâche. De réduire en cendres des mois de travail et des montagnes de dossiers. Sans doute en avait-il conservé des doubles. Mais d'autres seraient bien difficiles à reconstituer. Bref, pour le juge comme pour des milliers de Rennais, ce fut un sombre week-end. Pourtant, la perte de son bureau, de ses dossiers et de ce parlement à la superbe austérité n'allait pas empêcher Van Ruymbeke de se remettre au travail, sans perdre une seule journée. Lundi 7 février, alors que certains n'en finissaient pas de se lamenter tout en cherchant où s'installer, Van Ruymbeke faisait route vers Paris. Une ville qu'il connaît bien mais où il vient rarement, les jours ouvrables, pour flâner.

Que viennent faire dans la capitale, cette fois-ci, le juge et les policiers rennais qui l'accompagnent ? Entendre trois protagonistes d'une affaire rocambolesque et inquiétante. Une affaire au cœur de laquelle on trouve le célèbre tableau *Jardin à Auvers* de Vincent Van Gogh, le ministère de la Culture et les inévitables intermédiaires alléchés par un coup particulièrement juteux.

Une nouvelle fois le hasard a bien fait les choses. C'est en compulsant le dossier SAGES, à la recherche des comptes en Suisse de Michel Reyt, que Van Ruymbeke tombe, en 1993, sur un dossier qui n'avait pas retenu son attention. Il découvre que l'ancien patron de la SAGES est intervenu, à propos de ce tableau, auprès de Didier Hamon, le chef de cabinet de Jack Lang, ministre de la Culture. Il lui a fait parvenir deux lettres — dont l'une adressée à Lang — dans lesquelles un conseil juridique lyonnais, Jean Gaudry, agissant pour un acheteur allemand, un certain Hans Springer, propose, en échange de l'autorisation d'exporter le tableau, de verser « une commission comprise entre un million et un million et demi de dollars ». Une note manuscrite retrouvée par le conseiller dans cet envoi indique : « commissions : bloquées à la SAGES », « et pour nous (ministère) un million et demi de dollars à partager (trois) ».

Pour en savoir un peu plus sur cette mystérieuse tractation, le juge entend comme témoin, le 28 octobre 1993, Jean-Jacques Walter, ancien propriétaire du *Jardin à Auvers*. Celui-ci ignore tout de cette péripétie, mais il n'est guère surpris. Et pour cause ! Il révèle au juge, sur procès-verbal, que son père, Jacques Walter, et lui-même sont victimes depuis une dizaine d'années de tentatives de corruption de la part d'intermédiaires affirmant agir pour le compte de deux ministres de la Culture successifs.

L'histoire qu'il raconte est la suivante. En 1982, son père, Jacques Walter, souhaitant obtenir l'autorisation d'exporter son tableau — qui vaut 300 millions de francs sur le marché international et 50 millions en France — se voit opposer un refus par le ministère. Motif : le dossier d'importation temporaire, établi en 1955 par les douanes, a disparu. L'affaire traîne. Jusqu'au jour où François Tripet, le conseil juridique de Jacques Walter, qui négocie avec le ministère de la Culture, lui fait part du marché suivant : d'accord pour l'autorisation d'exporter le *Jardin à Auvers* mais en échange d'une substantielle commission. On est en 1986, sous la gauche. Deux ans plus tard, sous la droite, même proposition. En 1992 — la gauche est revenue au pouvoir — le tableau est vendu aux enchères pour 55 millions et Jean-Jacques Walter reprend le flambeau de son père. C'est alors qu'un certain Michel Pacary, patron d'une société d'assistance financière aux communes, et se présentant, toujours selon Walter, comme émissaire de Jack Lang, revient à la charge[1]. En précisant ses prétentions au nouvel avocat de Walter, Me Philippe Peninque : 50 millions de francs de commission. A chaque fois les tractations débouchent sur des contacts en Suisse. A chaque fois elles échouent. Soit en raison de la vigilance de l'administration, soit en raison du changement de majorité.

Le 7 février, tandis que les policiers venus de Rennes interrogent Pacary, alors placé en garde à vue, Renaud Van Ruymbeke entend Philippe Peninque et François Tripet. Si le premier choisit d'opposer le secret professionnel, le second, dans un long procès-verbal, se montre beaucoup plus bavard, confirmant au moins deux offres de corruption. Quant à Pacary, qui jure n'avoir rencontré Jack Lang qu'une ou deux fois, il confirme qu'en 1993 il a bien obtenu un rendez-vous au ministère de la Culture par l'intermédiaire de Michel Fromet, à l'époque député suppléant de Lang, pour parler effectivement du dossier relatif au *Jardin à Auvers*.

Le 8 au matin, le magistrat rennais, qui n'est plus compétent territorialement mais qui estime qu'il y a lieu de poursuivre les investigations sur cette téné-

1. Pacary, intermédiaire multicarte, a surtout des amitiés à droite, notamment aux Antilles. Il a été mis en examen et placé en détention provisoire le 9 février 1994, dans le cadre d'une affaire de détournement de fonds publics — n'ayant rien à voir avec ce dossier — instruite à la Guadeloupe par le juge Hubert Hansenne.

breuse affaire, passe la main au parquet de Paris. Dans la soirée, le petit monde de la presse s'agite. Le lendemain matin, Jack Lang s'élève contre ces « accusations monstrueuses », et dénonce une « histoire à dormir debout, véritablement ubuesque ».

Conclusion

La gangrène

Une corruption qui, tel un virus, s'étend de Paris au centre de la France en passant par l'Alsace et la Bretagne. Un authentique tableau de mœurs en forme de fresque, qui révèle les petites et grandes combines d'élus, de chefs d'entreprise et d'intermédiaires gourmands. Un juge pugnace qui, au milieu des embûches, tente de mener son instruction à bien. Voilà le voyage que nous avons effectué, de janvier 1992 à février 1994. Un voyage exemplaire !

En effet, si depuis deux ans le TGV Atlantique emporte régulièrement un échantillon des élites de la nation : élus, patrons, hauts fonctionnaires et crème des avocats, vers le modeste bureau d'un magistrat rennais, ce n'est pas par hasard. Et, si ce magistrat n'en finit pas de révéler les acrobaties financières de cet omniprésent trio que forment l'élu, l'intermédiaire et l'homme d'affaires, ce n'est pas parce que la Loire-Atlantique, la Sarthe ou l'Essonne sont, par nature, plus corrompues que les autres départements de métropole et d'outre-mer. Au contraire, de tels exemples sont révélateurs d'une situation plus générale.

Chaque jour, ou presque, apporte son lot de développements sur le front de la corruption. Que ce soit à Rennes ou ailleurs ; qu'il s'agisse du conseiller Van Ruymbeke ou d'autres magistrats ; qu'il soit question de béton, d'hypermarchés ou d'équipements hospitaliers, les faits sont là : le bourbier des « affaires » dans lequel la France est plongée n'en finit pas d'empuantir l'atmosphère, d'encourager le cynisme, de saper la démocratie. Au pays de la Loi et des Droits de l'Homme réunis, l'échange corrompu fait toujours recette. Et cela, ni les risques ni l'alternance n'y changent rien. Les socialistes sont bien payés pour le savoir.

Contrairement à son prédécesseur, Edouard Balladur n'a pas élevé la lutte contre la corruption au rang de ses priorités. On est passé de l'alarme au silence. Cette discrétion n'empêche pas le nouveau pouvoir d'être, à son tour, rattrapé par les affaires. A droite comme à gauche, les mêmes causes produisent les mêmes effets. Des deux côtés de l'échiquier, les élus entraînés par des dynamiques financières et partisanes auxquelles il est bien difficile d'échapper, appliquent les mêmes logiques, les mêmes méthodes. Cela va de la combine artisanale à la mise en coupe réglée d'envergure nationale. On ratisse large, avec de fortes poussées dans les périodes électorales. Partout le principe est le même : utiliser le pouvoir de l'élu et de son parti de façon occulte et arbitraire pour détourner des fonds et monnayer les décisions. Ici en trafiquant les procédures, là en tordant le cou aux règlements.

Sans remonter bien loin dans le passé, un petit florilège des affaires politico-financières de droite qui ont fait surface au cours des derniers mois, exception faite de celle du PR, suffit à se persuader, si besoin était, que, sur ce terrain-là, la droite n'a rien à envier au PS.

29 juin 1993. En aggravant les peines prononcées en première instance contre l'ancien directeur général de la Société d'Economie Mixte de la Ville de Paris (SEMAVIP), la cour d'appel de Paris jette un froid à l'Hôtel de Ville. Jugé pour complicité de trafic d'influence, Georges Quémar est condamné à deux ans de prison, dont dix-huit mois avec sursis, 100 000 francs d'amende et une interdiction de tout emploi public pendant dix ans. Il s'en était tiré, en première instance, avec dix-huit mois de prison et cinq ans d'interdiction. Pour cet énarque proche du RPR, c'est un coup sévère. M. Quémar est reconnu coupable d'avoir tenté de soustraire 4 millions de francs au propriétaire d'un garage frappé d'expropriation dans la ZAC du bassin de la Villette. Il a aussi remis des documents confidentiels à des entreprises pour les privilégier dans les appels d'offres de la Ville de Paris. Enfin, il a fait récolter 8,5 millions de « cotisations » par son beau-père, Robert Melloni, qui contactait les entreprises en son nom et qui se présentait comme un « collecteur de fonds du RPR ». Melloni, condamné lui aussi dans cette affaire, et décédé depuis, était ce courtier déjà rencontré dans la rocambolesque histoire du dossier

vendu, en 1989, par René Trager au candidat RPR à la mairie de Nantes, Daniel Augereau. Le monde est petit...

25 août 1993. Le juge Jean-François Beynel place en détention provisoire le patron de la droite de Saint-Denis de la Réunion, le sénateur et président du conseil général Eric Boyer (apparenté RPR). Impliqué dans deux affaires de pots-de-vin, et privé de son immunité parlementaire en juillet 1993, il s'était offert une cavale d'un mois et demi avant de se constituer prisonnier. M. Boyer, qui n'a pas cessé de clamer son innocence, est accusé par deux témoins d'avoir couvert une escroquerie à la billetterie des transports en commun de l'île contre des avantages en nature. Le marché, estimé au départ à 8 millions de francs, aurait été surévalué de 25 à 30 % à la suite d'un arrangement entre concurrents. Le sénateur est également impliqué dans un marché de transports scolaires, lui aussi entaché d'irrégularités. Cela dit, dans la grande île rongée par la pauvreté, Eric Boyer est loin d'être le seul élu soupçonné de corruption par la justice. Leur nombre, ces dernières années, n'a pas cessé d'augmenter[1].

---

1. Au moment où ce livre est sous presse se déroule, du 21 au 26 février 1994, le procès d'Eric Boyer à Saint-Denis de la Réunion. Dans ce département, la gauche ne se fait pas oublier ! En janvier 1994, Jacques Raux, adjoint au maire (PS) de Saint-Denis et trésorier de la fédération socialiste locale, a été mis en examen pour trafic d'influence et corruption. Cet ancien directeur de la répres-

17 septembre 1993. Le député de la Guadeloupe et maire de Baie-Mahault, Edouard Chammougon (proche du RPR), est mis en examen par le juge d'instruction Hubert Hansenne pour corruption, abus de biens sociaux et détournement de fonds publics. La veille, il avait comparu devant la cour d'appel de Fort-de-France (Martinique) pour une autre affaire de corruption vieille de treize ans qui lui avait valu, en janvier 1993, d'être condamné en première instance à trois ans de prison dont dix-huit mois ferme, 1 million de francs d'amende et dix ans de privation de droits civiques. Il avait été reconnu coupable d'avoir reçu 250 000 francs de pots-de-vin d'un entrepreneur de travaux publics, en contrepartie de commandes municipales et de permis de construire.

Dans la deuxième affaire, le maire aurait accepté 380 000 francs remis par les promoteurs d'une clinique. Par ailleurs, la justice tourne autour d'un trou de 4,2 millions de francs creusé dans les comptes de la société locale d'économie mixte, la SEROM, à l'occasion d'opérations immobilières. Pour sa part, le Crédit Industriel et Commercial a déposé contre M. Chammougon une plainte pour détournements de fonds

---

sion des fraudes *(sic)* est soupçonné d'avoir mis en place un dispositif obligeant les entreprises désireuses de travailler avec la ville à lui rétrocéder une partie de leurs bénéfices. Par ailleurs, Pierre Vergès, maire (communiste) de la commune du Port, soupçonné d'avoir truqué un appel d'offres en faveur de la société Dumez, est en fuite depuis avril 1993.

publics et escroquerie. En 1989, la banque avait accordé à Baie-Mahault un prêt de 45 millions de francs, pour un projet d'usine d'incinération d'ordures ménagères qui n'a jamais vu le jour. L'argent a disparu.

20 octobre 1993. Roger Potot, le directeur du syndicat intercommunal de La Baule, le SIVOM, se retrouve en prison après avoir été mis en examen pour faux et usage de faux en écritures publiques. De quoi plonger dans l'embarras Olivier Guichard, l'inamovible député-maire (RPR) de la cité balnéaire. Certes, il a porté plainte. Mais, à travers Potot, son plus proche collaborateur depuis vingt ans, c'est un peu sa gestion qui est mise en cause. D'autant plus qu'il est président en titre du SIVOM, qui regroupe une quinzaine de communes de la région.

Potot, un quinquagénaire réputé pour son sérieux, semble avoir fait preuve d'une bien grande légèreté dans sa gestion du syndicat. En ayant, par exemple, recours aux travaux fictifs, aux fausses factures et à la falsification de documents. Payant, ici, par avance, une dizaine de millions de francs pour des travaux de rénovation qui n'ont jamais eu lieu sur des bâtiments dont certains n'ont jamais vu le jour. Réglant, là, à prix d'or, une étude sur la réintroduction des grenouilles dans des marais du coin. Le projet est resté sans suite, mais d'autres ont pris le relais. Fin 1993, le montant des escroqueries s'élevait à 17 millions. Une somme qui venait s'ajouter aux 441 millions de francs d'endettement global du SIVOM. Restait cette lancinante question : où sont les millions ? Car il paraissait évident qu'ils ne sont pas tous tombés dans la poche de Roger Potot. A la justice de répondre si elle le peut.

7 janvier 1994. L'année s'ouvre, au chapitre « affaires », avec la condamnation en première instance du sénateur CDS Pierre Lacour, maire de Montbron (Charente) et membre de l'influente Commission Nationale d'Urbanisme Commercial (CNUC), chère aux promoteurs de grandes surfaces. Le tribunal correctionnel de Lyon lui inflige une peine de dix-huit mois de prison avec sursis et de 1 million de francs d'amende. Pourquoi ? Parce que le vieux notable (soixante-douze ans) est accusé d'avoir bénéficié dans sa propriété de Busseroles (Dordogne) de travaux (notamment un étang) évalués à 1 million de francs et réglés, via diverses entreprises et factures fantaisistes, par Evelyne et Patrick Emin, dirigeants du Groupe Recherche et Construction (GRC), une société spécialisée dans l'urbanisme commercial[1]. Condamnés, eux aussi, à dix-huit mois de prison avec sursis, les époux Emin ont admis au cours du procès avoir « arrosé, de gauche à droite, tous les partis politiques ». Une déclaration qui ne surprend pas quand on sait que le couple avait déjà été épinglé, en 1988, par l'inspecteur Gaudino qui enquêtait sur l'affaire Urba.

1. Le sénateur est loin d'être le seul à avoir bénéficié gratuitement de travaux dans sa propriété ou à son domicile privé. La pratique paraît, au contraire, avoir été assez répandue ces dernières années.

15 janvier 1994. Jacques Felli, maire (divers droite) de Marmoutier (Bas-Rhin) et conseiller général, est mis en examen et écroué pour abus de biens sociaux et trafic d'influence aggravé. Deux mois plus tôt, dans une autre affaire, il avait écopé de deux ans de prison, dont six mois ferme, pour ingérence et recel d'abus de biens sociaux. L'affaire, qui est en appel, concerne le rôle que le maire aurait joué dans le règlement par la société d'économie mixte locale (SEMEL) dont il est le président d'une facture de 2 millions de francs pour des travaux qui n'ont jamais été faits.

Enfin, on citera pour clore cette sélection l'« affaire Bourachot », du nom de l'ancien PDG de Maillard et Duclos, l'une des grandes entreprises de travaux publics de la région Rhône-Alpes. Cette affaire, qui n'a sans doute pas fini de réserver des surprises, commence en juillet 1993, lorsque Maillard et Duclos, filiale de l'entreprise Dumez, puis du groupe Lyonnaise des Eaux-Dumez, est mise en règlement judiciaire. Avec un passif de 216 millions de francs. En novembre, Robert Bourachot est mis en examen et incarcéré par Philippe Assonion, juge d'instruction au tribunal de grande instance de Bourg-en-Bresse, pour abus de biens sociaux, faux et usage de faux. La justice parle bientôt de « caisse noire » et de « financements occultes » au profit d'élus de droite.

Bourachot, qui a la réputation d'un fonceur, ne nie pas l'existence de tels financements. Mais il affirme qu'il avait l'aval de sa hiérarchie et précise que les versements étaient « gérés directement » par la direction de Dumez, jusqu'en 1992, année à partir de laquelle la « caisse noire » aurait été financée sur la trésorerie de la filiale. Il ressort de l'enquête que des sociétés taxis ont permis, par le biais de fausses factures (les inévitables conventions d'assistance commerciale), de sortir des millions, « pour partie virés en Afrique », pour partie utilisés au paiement de commissions en espèces au profit d'élus de droite, notamment à Lyon, Grenoble et Vichy.

Début février 1994, cinq autres personnes avaient été mises en examen dans cette affaire, et la justice s'intéressait à certains de ses prolongements bancaires en Suisse. Dans sa prison, Bourachot gardait le silence sur l'identité des bénéficiaires de ses largesses. Pas question pour lui de « donner » les politiques. Cela dit, s'il faut en croire son avocat, Me André Soulier, l'ancien PDG ne serait pas disposé à jouer les « boucs émissaires ». De son côté, la Lyonnaise des Eaux-Dumez se cantonnait dans un silence embarrassé. En effet, il a été constaté que Maillard et Duclos avait financé deux emplois n'ayant pas grand-chose à voir avec ses activités. L'un au secrétariat de la délégation des jeunes RPR du Rhône ; l'autre, d'août 1989 à juin 1993, à la permanence du député Michel Noir, maire de Lyon. Dans ce dernier cas, la titulaire était censée travailler à la Fondation pour la réussite scolaire, établie dans les locaux de la mairie de Lyon et présidée par... Jérôme Monod, président de la Lyonnaise des Eaux-Dumez et ancien secrétaire général du RPR.

Ces affaires « de droite » ressemblent à s'y méprendre aux affaires « de gauche ». Une similarité renforcée par les chefs d'accusation que la justice égrène, comme une litanie, contre ceux — une minorité — qu'elle parvient à épingler, des deux côtés : trafic d'influence, ingérence, abus de biens sociaux, corruption, etc. Et, si les élus paraissent interchangeables, il en va de même des courtiers et des bureaux d'étude qui prospèrent dans leur sillage. Reyt, Trager, Nedzela, Urba, SAGES et compagnie ont leur pendant dans l'autre camp : les Fitoussi, Boukobza, Melloni, Pacary... Il arrive même que leurs réseaux s'imbriquent et que leurs intérêts coïncident. On peut alors assister à des ententes politiquement contre nature mais financièrement profitables.

Le mélange des genres gauche-droite est encore plus prononcé en ce qui concerne les entreprises. D'un côté, les élus de tous bords s'emploient à les racketter. De l'autre, les sociétés qui s'intéressent à un marché n'ont souvent pas d'autre choix que de payer pour être dans le jeu, comme au poker. L'Hexagone comptant 36 000 communes, on imagine le tableau et les sommes en cause. Tous les jours de l'année. D'ailleurs, par précaution, et pour simplifier les choses, les grandes sociétés souscrivent des abonnements auprès des marchands d'influence de tous les bords. Elles savent aussi, quelles que soient, par ailleurs, leurs sympathies politiques, faire preuve de générosité en période d'élections. En arrosant tous azimuts. C'est la règle.

Voilà pourquoi, d'une « affaire » à l'autre, alors que les élus changent, on retrouve les mêmes entreprises ;

celles qui règnent sur les secteurs du BTP, des services aux collectivités, de l'immobilier, des grandes surfaces et *tutti quanti*. Les hommes politiques sont les premiers responsables de cette situation. Mais, souvent, les hommes d'affaires ne sont pas mécontents de perpétuer le système. Quitte à jouer les victimes. Si certains patrons cèdent, contraints et forcés, à un chantage, bien qu'ils n'aient pas grand-chose à gagner, d'autres y trouvent leur intérêt. Eliminer les incertitudes d'une procédure régulière et les aléas de la concurrence par le biais d'un graissage de patte opportun peut rapporter gros. Et, dans le climat de concurrence exacerbée qui caractérise certains secteurs, la tentation peut être grande. Surtout pour les plus forts.

Le récent rapport du juge Thierry Jean-Pierre sur l'affaire Pelat illustre, au passage, cet état de choses[1]. Heulin, filiale de la Générale des Eaux, aurait surfacturé des travaux de main-d'œuvre à Campenon-Bernard, autre filiale de la CGE, pour couvrir une partie du coût (305 000 francs) de la restauration de la résidence d'un certain Roland Gerval... Le juge précise : « Au moment de la réalisation des travaux, M. Gerval était directeur du Syndicat des eaux d'Ile-de-France. Ce syndicat, composé de 144 communes de la région parisienne, est à vocation unique : la distribution de l'eau. Un contrat de régie intéressée lie le

1. Il a été publié intégralement dans *le Point* du 8 janvier 1994, accompagné d'un commentaire de Jérôme Dupuis et Jean-Marie Pontaut.

syndicat à la Compagnie Générale des Eaux, 1 500 personnes étant affectées en permanence au syndicat. » M. Gerval estime qu'il a payé le montant prévu des travaux et réfute l'idée d'un cadeau. L'entrepreneur, pour sa part, n'a pas voulu l'embarrasser pour quelques dizaines de milliers de francs de dépassement.

Peut-être faut-il voir là un exemple de cette zone grise, de ce non-dit qui permet à des partenaires bien rodés de lever les bras au ciel en feignant l'innocence. Dans ces marges floues, il n'est pas toujours facile de distinguer l'offre de la demande. De tracer la frontière entre corrupteur et corrompu. Peut-être faut-il y voir aussi (comme dans l'affaire Maillard et Duclos, mentionnée plus haut) une illustration de la bataille acharnée que se livrent en permanence la Compagnie Générale des Eaux et sa grande rivale, la Lyonnaise des Eaux-Dumez, pour la conquête des marchés, en France et à l'étranger, de l'eau, des services aux collectivités, du BTP, de l'immobilier, de la télévision. Un véritable cas d'école attestant la puissance et l'omniprésence de ces géants du secteur privé au cœur de la vie économique et politique du pays. Avec toutes sortes de conséquences, plus ou moins bonnes. Car ces empires, avec leurs centaines de filiales et leurs milliers de cadres, ne sont-ils pas, dans une large mesure, les vrais bastions du pouvoir ? Ceux qui, par leurs contributions officielles, mais aussi occultes, font et défont les rois.

On semble bien loin des enquêtes de Renaud Van Ruymbeke. Mais si le tableau s'est beaucoup élargi, rien n'a fondamentalement changé. Encore ne s'agit-il ici que de la partie visible d'un continent englouti. Comment mesurer ce qui reste immergé ? Ces ramifications inexplorées ; ce fouillis de combines et d'associations bidon ; ces filières qui conduisent droit en Suisse, à Panama, aux Caraïbes et autres paradis fiscaux plus ou moins exotiques où s'accumulent de coupables fortunes. Comment évaluer, au bout du compte, le prix de la corruption politique que drainent un peu partout les petits ruisseaux et les grandes rivières d'argent ?

Enfin, et ce n'est pas le moindre mal, la corruption s'épanouit, au sommet, dans un environnement hautement favorable, fait de concentration du pouvoir, de confusion des genres, de cumul des mandats et de connivence des élites. Dans ce système, typiquement français, quelques milliers de personnes se partagent, dans les secteurs public et privé, l'essentiel du pouvoir politique, économique et administratif. Une mainmise qui encourage bien des complicités et bien des abus. Pour Yves Mény, auteur d'un livre édifiant sur la question [1], la situation est particulièrement grave « là où quelques décideurs publics, par l'importance des décisions financières et économiques qu'ils prennent, sont à même de déterminer le mode et le type de rapports qu'entretient l'administration avec le secteur privé. Peu nombreux, mais placés aux points cruciaux, ils (...) ont la possibilité d'échafauder un système parallèle à la fois occulte (les règles du jeu sont secrètes

1. Yves Mény, *La Corruption de la République,* Fayard, 1992.

pour la plupart des citoyens), et connu comme parfaitement maîtrisé par le cercle des initiés ». Résultat, selon Mény : « Au sein de l'Etat se crée ainsi un club, une " société mafieuse " avec ses codes et ses règles de conduite, ses rétributions et ses sanctions. »

« Les gens ne peuvent pas imaginer le degré de corruption qui existe en France. Nous vivons véritablement une période de bas Empire », déclarait un représentant de cette élite, lors d'une rare confidence. Propos atypique. Car les membres du « club » jouissent d'une bonne conscience qui n'a d'égale que leur impunité. Il est vrai qu'ils *sont* la France ! Et s'il arrive à certains de se faire pincer en flagrant délit de corruption, c'est toujours pour une bonne raison. Leur carrière et la considération de leurs pairs n'en souffrent généralement pas. Ce qui est insupportable à ce petit monde-là, qui se veut malgré tout exemplaire, ce n'est pas l'existence en son sein de mœurs corrompues et d'une continuelle transgression de la loi, c'est que le juge et le journaliste se mêlent d'y mettre leur nez. Quant à l'opinion, devenue cynique à force de constater que « plus ça change, plus ça continue », elle paraît bien démobilisée.

Mais, dira-t-on, qu'a fait dans ces « affaires » la presse dont la mission est d'informer l'opinion ? De déchirer le voile du silence et des apparences afin que chaque citoyen puisse décider en toute connaissance de cause à qui il accorde ou non sa confiance. Une partie de la presse remplit sa mission. Parallèlement à la justice, elle contribue à la manifestation de la vérité, révélant ici un délit ignoré, relançant là une affaire, repêchant ailleurs un dossier en voie d'enterrement. Elle le fait en prenant ses risques et ses responsabilités. En donnant, le cas échéant, la priorité au droit à l'information sur le sacro-saint secret de l'instruction, prévu par l'article 11 du Code de procédure pénale[1]. L'affaire Carrefour du développement, l'affaire Pechiney et, plus récemment, l'affaire Pelat ou encore celle du financement du PR illustrent cette approche. Le journalisme d'investigation, au sens où l'entendent les Anglo-Saxons (un travail en profondeur, nourri par les faits et sans concession à l'égard des pouvoirs), se renforce, en dépit des aléas, au fil des affaires.

Cela dit, le manque de moyens, le poids des amitiés ou encore les limites de leur indépendance conduisent plus d'une rédaction à un traitement superficiel et sélectif des « affaires ». Voire à l'omission pure et simple, lorsque sont mis en cause les amis ou les clients de celui qui contrôle le média en question. Le traitement des affaires par la télévision et les radios n'est pas tabou. Mais il reste le plus souvent homéopathique. En Italie, où les médias sont pourtant entre les mains de gens impliqués dans les « affaires », la presse et la télévision font preuve d'une tout autre pugnacité. C'est peut-être que la concurrence l'emporte sur la prudence. Ce qui est clair, en tout cas, c'est que la France a du

1. Selon ce texte, le secret de l'instruction s'applique aux magistrats et aux policiers, mais pas à la personne mise en examen, ni aux avocats, ni aux journalistes.

mal à se débarrasser d'un vieux réflexe de révérence à l'égard du pouvoir. Qu'elle souffre d'un respect exagéré pour l'Etat, sa raison et ses institutions.

Début 1994, deux affaires sont venues à point nommé souligner ces faiblesses. La première a trait à l'expulsion vers l'Iran de deux terroristes iraniens réclamés par la Suisse. La seconde concerne la publication de l'enquête du juge Thierry Jean-Pierre sur les relations financières entre l'homme d'affaires Roger-Patrice Pelat et le président Mitterrand. Dans les deux cas, les médias français, à de rares exceptions près, n'en ont pas trop fait — c'est le moins qu'on puisse dire —, se contentant de brèves explications. Sans aller chercher plus loin. Comme si de tels comportements allaient de soi et méritaient l'absolution. Bref, dans ce domaine comme dans celui de l'indépendance des juges, la France n'est pas l'Amérique. Elle n'est pas non plus l'Italie.

Dans une situation à bien des égards comparable à celle de la France, les juges et les médias italiens ont choisi d'attaquer sur tous les fronts un système politique profondément gangrené. De faire la lessive de fond en comble. Sans pitié. Entre les deux sœurs latines, qui puisent aux mêmes racines de la culture et du droit, la différence est frappante.

Depuis 1992, l'Italie affiche avec éclat, à travers l'opération *Mani pulite* (mains propres) et celles qui sont venues s'y ajouter, sa volonté de débusquer la corruption politique et de faire payer les corrompus. En s'en donnant les moyens et quitte à jeter en prison l'élite de la nation : ministres, capitaines d'industrie, grands banquiers. Avec les risques politiques et humains que cela comporte. Le tout étant rendu possible par une vraie séparation des pouvoirs entre le politique et le judiciaire et par un large soutien populaire. Par la conviction, aussi, que la démocratie est à ce prix.

Côté français, l'approche italienne, loin de passer pour un exemple, a souvent été brandie comme un épouvantail, celui de la République des juges. « Je ne sais pas si la classe politique française a autant de cadavres dans le placard que la classe politique italienne. Je ne le crois pas. Mais je comprends qu'une certaine appréhension puisse accompagner l'idée que la magistrature en France entreprenne une action semblable à celle qui l'a été en Italie », remarquait, un rien provocateur, Francesco Borelli, le procureur milanais responsable de l'opération « Mains propres »[1]. C'est vrai. Pour conjurer le cauchemar d'un scénario à l'italienne, mais aussi par réflexe d'autorité, l'Etat français a toujours eu tendance à verrouiller. Là où l'Italie crie haut et fort : « ouvrez, au nom de la loi », la France s'efforce, discrètement, de fermer. L'une privilégie la loi, l'autre l'ordre établi. Même si cela revient, dans ce dernier cas, à laisser prospérer la gangrène et à décourager la justice. Le cas de Renaud Van Ruymbeke est, à cet égard, exemplaire. C'est un cas d'école

1. *Le Monde des débats :* « Affaires : la gangrène » (juillet-août 1993).

qui montre toutes les astuces, les détournements de procédure, les artifices mis en œuvre par le pouvoir politique pour contrôler, anéantir parfois, les initiatives du juge d'instruction rennais. Mais le phénomène n'est pas nouveau.

Le pouvoir, par le biais des procureurs généraux, a toujours eu une propension à protéger les élus de son cœur et à étouffer les dossiers gênants. En 1990, le garde des Sceaux, Henri Nallet, refuse au procureur de Narbonne l'ouverture d'une information judiciaire sur la gestion d'un observatoire aquatique... Il est vrai que le maître d'œuvre avait eu la faiblesse de verser des commissions à Urba. Un an plus tard, Nallet récidive. Cette fois, il refuse de laisser la justice enquêter sur les finances de l'Olympique de Marseille, comme le réclamait le procureur de la ville, Olivier Dropet. Il s'agissait visiblement de ne pas gêner le président de l'OM, Bernard Tapie. Décidément interventionniste, Nallet interdira encore à Dropet d'ouvrir une information judiciaire sur Urba.

Exemples qui en disent long sur les pressions que subit la justice de la part du pouvoir politique. Parfois, celui-ci n'hésite pas à s'immiscer dans les dossiers des juges d'instruction. Ainsi à Bastia, en janvier 1992 : le ministre du Budget, Michel Charasse, rend visite au procureur général Jean-Louis Nadal pour s'enquérir de l'avancement de certaines affaires de fraude fiscale, dont l'une concerne une personnalité de droite... candidate aux prochaines élections cantonales. Certes, le ministre est le plaignant, mais cette démarche, aussi inhabituelle que maladroite, ne manquera pas de provoquer la colère de l'Union syndicale des magistrats.

A quel titre le même Charasse réclame-t-il, fin 1992, dans l'affaire SAGES, le contenu d'un entretien qu'avait eu Van Ruymbeke avec un notaire de Vannes ? Au titre de la simple rumeur. L'ancien ministre a cru comprendre que le juge rennais enquêtait sur sa fortune... Ce qui était faux. Pourtant, Charasse, faisant peu de cas de la séparation des pouvoirs, saisira pêle-mêle le garde des Sceaux, la cour d'appel de Rennes, le procureur général et même le Conseil supérieur de la magistrature. Stratégie limpide : Charasse participait, à sa façon, à la campagne de déstabilisation menée depuis des mois par le PS contre Van Ruymbeke.

Qu'on se rassure, pourtant : la gauche n'a pas le monopole de l'interventionnisme. On en veut, pour mémoire, la fameuse phrase du Premier ministre Georges Pompidou en mai 1968 : « J'ai demandé à la justice de libérer les manifestants. » Cela dit, les exemples ne manquent pas. En septembre 1986, lors d'un discours prononcé à Dijon, le garde des Sceaux de la première cohabitation, Albin Chalandon, oublie, lui aussi, les règles élémentaires du Code de procédure pénale. Evoquant le cas de Georges Ibrahim Abdallah, soupçonné d'avoir commandité l'assassinat, en 1982, du colonel américain Charles Ray et du diplomate israélien Yacov Barsimantov, le ministre déclare qu'il a « prescrit au procureur de la République de prendre des réquisitions afin de faire renvoyer Abdallah devant la cour d'assises ». Chalandon ignorait-il que seul le juge d'instruction peut renvoyer un inculpé devant les assises, sans être lié par le réquisitoire du parquet ?

Que dire encore de la mésaventure survenue en 1987, toujours sous la cohabitation, au procureur de Compiègne, Guy Gauthier ? A cette époque, il demande au procureur général d'Amiens, Marcel Dorwling-Carter, d'engager des poursuites contre François-Michel Gonnot, maire adjoint de Compiègne et vice-président (UDF) du conseil régional de Picardie. Motif ? Gonnot se serait fait régler ses dépenses électorales de mars 1986 par une société de publicité, Cap-Conseil. Un cas politiquement délicat. Et pas d'amnistie pour le sauver... Alors, tout simplement, le procureur général oppose un veto à la requête de Guy Gauthier. « Vous savez, lui dit-il, M. Gonnot est un ami de M. Barre... Il faut être prudent. »

Etonnants arguments, en vérité. Mais là où cette histoire, jamais révélée à ce jour, confine au scandale, c'est que quelques jours seulement avant le premier tour de l'élection présidentielle de mai 1988 — où tous les pronostics donnent François Mitterrand vainqueur —, la hiérarchie du procureur de Compiègne l'autorise enfin à engager des poursuites contre Gonnot. Cette façon de se dédouaner, par avance, à l'égard de la nouvelle équipe gouvernementale indisposa fortement Gauthier. Soucieux de montrer qu'on ne peut pas jouer avec les justiciables au gré des événements, il refusa, non sans courage, de poursuivre l'élu de Compiègne.

Ce qui s'est passé au tribunal de grande instance de Lyon, en décembre 1992, à l'occasion de l'affaire Noir-Botton, est à cet égard proprement stupéfiant. Pierre Botton, gendre du député-maire de Lyon, est alors inculpé et écroué pour avoir détourné de l'argent de ses sociétés d'agencement en pharmacie, Boisson SA et Vivien. Mais l'étau se resserre aussi autour de Michel Noir, soupçonné d'avoir profité des largesses de son gendre. A Lyon se répand une atmosphère délétère...

Or, le 11 décembre, un homme se présente au palais de justice pour déposer dans la case du procureur adjoint, chargé des affaires financières, Paul Weisbuch, un document explosif : 17 pages dans lesquelles sont dénoncés pêle-mêle les agissements de Pierre Botton mais aussi certaines pratiques de Michel Noir lorsqu'il était ministre du Commerce extérieur de 1986 à 1988. On y apprend, notamment, qu'à l'occasion de la négociation de grands contrats à l'étranger le ministre aurait laissé son gendre encaisser de substantielles commissions. En tout, une vingtaine de millions de francs.

L'auteur de ce brûlot est un homme informé. Bernard Sarroca, ex-collaborateur de Noir au ministère du Commerce extérieur, fut aussi son chef de cabinet à la mairie de Lyon. Paul Weisbuch prend donc connaissance de ces graves révélations, le 11 décembre dans l'après-midi. Sans plus attendre, comme il en a le devoir, il fait enregistrer le document au bureau d'ordre du parquet, sous le numéro 83643. En principe, le document de Bernard Sarroca doit aboutir sur le bureau du procureur de Lyon. Pourtant, l'incroyable va se produire : le texte se perd. Jamais, jusqu'à ce jour, sa trace n'a été retrouvée...

Certains, au palais de justice de Lyon, ont-ils voulu éviter des ennuis supplémentaires au maire de Lyon ? Sont-ils allés au-devant des desiderata du garde des Sceaux, Michel Vauzelle ? Ce dernier, son cabinet ou la Direction des affaires criminelles ont-ils été informés de cet escamotage ? Mystère. En tout cas, le successeur de Vauzelle, Pierre Méhaignerie, ne semble pas avoir eu vent de cette affaire.

L'indépendance des juges ne serait-elle, en France, qu'un leurre, qu'une quête inaccessible ? Non, répond d'emblée le premier président de la Cour de cassation, Pierre Drai : « Je n'accepte pas que les juges se plaignent d'être dans la dépendance du pouvoir. Je leur donne un conseil : faites votre métier. Rendez vos décisions, motivez-les, expliquez-les. Je vous assure que vous ne risquez rien du tout [1]. » L'exhortation est claire : Messieurs les juges, ne soyez pas timorés ! Certains magistrats n'ont d'ailleurs pas attendu les conseils de Pierre Drai pour faire preuve de caractère et de courage.

Ainsi, Pierre Bézard, procureur de Paris de 1988 à 1990, réussira à convaincre le garde des Sceaux, Pierre Arpaillange, à la suite d'explications parfois orageuses,

1. Laurent Greilsamer et Daniel Schneidermann, *Les juges parlent*, Fayard, 1992.

qu'il fallait ouvrir une information judiciaire visant nommément Jean-Charles Naouri, l'ex-directeur de cabinet de Pierre Bérégovoy, impliqué dans l'affaire de la Société Générale. Bézard démontrera également l'utilité et l'efficacité de la 14e section du parquet — dite antiterroriste — qu'Arpaillange n'aimait guère. Non seulement parce qu'il la considérait comme un ersatz de la Cour de sûreté de l'Etat, mais aussi parce qu'elle était dirigée par un proche de Charles Pasqua, Alain Marsaud. Finalement, le garde des Sceaux, persuadé par le procureur des qualités et de la loyauté de Marsaud, se rangera à son avis.

Dans un autre registre, Jean-Pierre Michau, chargé d'instruire la sulfureuse affaire Carrefour du développement — la première de la cohabitation —, n'hésitera pas à frapper à gauche comme à droite. D'abord, en enclenchant le processus de la Haute Cour contre l'ancien ministre de la Coopération, Christian Nucci ; ensuite, en ne négligeant aucune piste, dût-elle aboutir au ministre de l'Intérieur, Charles Pasqua, pour savoir qui avait délivré le fameux vrai-faux passeport à l'ex-chef de cabinet de Nucci, Yves Chalier. Sur cet aspect du dossier, Michau devra finalement céder face au sacro-saint « secret défense ».

Autres exemples : celui de Georges Fenech, à Lyon, qui n'hésitera pas, fin 1987, à s'opposer au parquet pour mener à bien ses investigations sur le financement secret du PS local (l'affaire Radio-Nostalgie). Celui de Gilbert Thiel, à Nancy, qui déploiera de nombreux efforts pour mettre au jour les ressources occultes du maire (RPR) de Toul, Jacques Gossot. Celui, encore, de François Guichard, juge à Colmar, qui ferraillera avec sa hiérarchie pour obtenir les moyens nécessaires à son enquête dans les deux catastrophes aériennes — d'Habsheim et du mont Sainte-Odile.

Ces dernières années, d'autres magistrats sont allés encore plus loin. Ils n'hésitent pas à utiliser le registre de la provocation. L'illustration en a été fournie tout au long de l'été 1993, et encore en janvier 1994, par le procureur de Valenciennes, Eric de Montgolfier, chargé de l'enquête sur le dossier de corruption OM-Valenciennes. Ce magistrat plein d'allant et de verve interviendra fréquemment dans les médias, non pas pour violer le secret de l'instruction, mais pour répondre à certaines affirmations de Bernard Tapie. C'est ainsi que ses formules du style « Moi, j'affole la meute » ou « Si M. Tapie veut être mis en examen, qu'il le dise » ne passeront pas inaperçues dans l'opinion publique.

Malgré quelques grincements du côté de la Chancellerie (où il sera convoqué par le directeur de cabinet de Pierre Méhaignerie au cours de l'été 1993), Eric de Montgolfier n'abandonnera pas son franc-parler. En janvier 1994, il lancera même cette réplique cinglante au ministre de l'Intérieur, Charles Pasqua, qui critiquait la politique des magistrats du Nord en matière de drogue : « Je puis assurer, en tout cas, que nous ne classons pas les dossiers dans lesquels sont impliqués des Iraniens suspectés de terrorisme. »

Thierry Jean-Pierre va encore plus loin que son

collègue de Valenciennes. Et s'il ne réserve pas ses provocations aux médias, il y a recours dans ses dossiers. Car c'est le droit qu'il provoque. Témoin, l'affaire Heulin qu'il a instruite en 1992-1993. Parti d'un banal dossier de fausses factures, le magistrat ne lésinera sur aucun moyen pour révéler au grand jour certaines relations entre le président de la République et son ami Roger-Patrice Pelat, montrant du même coup le climat d'affairisme insoupçonné qui régnait au cœur même de l'Etat. Bien sûr, ce faisant, Thierry Jean-Pierre s'est éloigné de sa saisine originelle. Bien sûr, il a, en partie, instruit sur un mort, Pelat, alors que le Code de procédure pénale le lui interdit, l'action publique étant éteinte de plein droit en cas de décès. Mais, au bout du compte, le juge n'a-t-il pas fait œuvre de salubrité publique ? Imaginons un instant ce qui se serait passé, aux Etats-Unis, si la presse américaine avait sorti un tel dossier sur son président... A coup sûr, le Congrès aurait demandé des explications au Président. Et ce dernier, sommé de répondre, n'aurait pas pu se contenter, comme l'a fait François Mitterrand, de cette phrase lapidaire : « Je n'ai reçu aucun cadeau de Pelat après 1981 [1] ! »

Les Jean-Pierre et autres Montgolfier ne font pourtant pas l'unanimité dans un corps plutôt conservateur par nature. Certains de leurs collègues le font savoir,

1. L'actualité vient à point nommé pour illustrer cette idée. Soupçonné d'avoir joué un rôle dans une affaire de spéculation immobilière, du temps où il était gouverneur de l'Arkansas, Bill

mezzo voce. A cet égard, le discours du procureur général d'Angers, Michel Sabourault, lors de l'audience solennelle de la cour, début janvier 1994, reflète sans doute une opinion largement répandue chez les magistrats : « Le droit n'est ni brûlot ni intrigue (...). Il ne doit s'appuyer que sur le droit et non sur un réseau complexe de leviers extérieurs et d'investigations irraisonnées. Le droit n'est pas l'arme personnelle du juge au gré des alliances ou de ses déceptions personnelles (...). Il m'arrive de rêver que certains juges, dans un accès de lucidité, méditent ce mot de Talleyrand : " quand il cesse d'entendre parler de lui, M. de Chateaubriand croit qu'il est devenu sourd. " »

C'est vrai : on peut penser qu'Eric de Montgolfier et Thierry Jean-Pierre ont un goût prononcé pour le vedettariat ; qu'ils se prennent pour des chevaliers blancs, des justiciers investis d'une mission, qui abusent du droit... pour faire respecter le droit. Il n'empêche qu'ils témoignent d'une volonté, particulièrement évidente chez les jeunes magistrats, de faire triompher l'indépendance et la vérité, là où règnent la dépendance et le mensonge. Ils sont aussi le reflet du malaise profond qui secoue depuis des années la magistrature ; un mal où se mêlent le manque de

---

Clinton a été contraint, au début de 1994, de faire nommer un enquêteur spécial par son ministre de la Justice. En Italie aussi, le président de la République Oscar Luigi Scalfaro, soupçonné d'avoir profité de la corruption à l'époque où il était ministre de l'Intérieur, doit rendre des comptes à la justice.

considération des justiciables, le mépris du pouvoir politique, les salaires tout juste convenables, les médiocres plans de carrière, etc. Bref, c'est peu dire qu'ils souffrent d'un déficit de prestige social important.

Le sénateur RPR du Haut-Rhin Hubert Haenel — ancien secrétaire du Conseil supérieur de la magistrature — ne s'y trompait pas en écrivant dans son rapport sur l'état de la justice en France en 1991 : « Les signes extérieurs de la fonction de magistrat sont réduits à la portion congrue si on les compare à ceux dont bénéficient tant les cadres du secteur privé que les hauts fonctionnaires, qu'il s'agisse des véhicules de fonction — actuellement, seuls les chefs de cour disposent d'un véhicule professionnel —, des appartements de fonction dont tous les chefs de cour ne bénéficient pas, ou des frais de réception ou de représentation dont le montant n'excède pas quelques centaines de francs par mois. Alors que préfets et sous-préfets reçoivent en leur hôtel particulier et disposent à cet effet d'un budget et d'un cadre convenables, le chef de juridiction doit trouver lui-même à se loger et il est souvent bien difficile de financer quelques modestes frais de représentation. »

Cet aspect « paria » du corps des magistrats s'est trouvé renforcé par un décret du 13 septembre 1989. Ce texte, totalement ignoré de l'opinion publique, consacre officiellement le déclin des magistrats en rétrogradant le rang protocolaire des chefs de cour et de juridiction, lors des cérémonies publiques. Dans les départements, les chefs de cour arrivent désormais en

12e position, derrière les élus locaux, les autorités militaires et les membres du comité économique et social. Quant aux présidents et procureurs des tribunaux, ils n'apparaissent qu'en 22e position, derrière les représentants de la préfecture.

A Paris, le premier président de la cour d'appel et le procureur général arrivent en 15e position, derrière un certain nombre de hauts fonctionnaires comme le secrétaire général du gouvernement, le délégué général à l'armement... Derrière également les membres du CSA (Conseil Supérieur de l'Audiovisuel).

Au vrai, ce texte ne surprend guère : il a été signé par le président de la République lui-même. On connaît le peu d'estime qu'il porte à la magistrature depuis une certaine affaire de l'Observatoire...

Table

Avertissement 7

1. Au cœur de la rose 9
2. Un pianiste au prétoire. 35
3. Les amitiés du frère Michel 57
4. Les embrouilles du gros René. 77
5. Racket et mort à l'hypermarché 101
6. Double jeu place Vendôme. 119
7. Un Congrès sauce béarnaise. 143
8. Influence et tiroirs-caisses 165
9. Les malheurs de Georgina 183
10. Main basse sur la ville 205

Conclusion : La gangrène 237

Achevé d'imprimer en février 1994
sur presse CAMERON
dans les ateliers de B.C.A.
à Saint-Amand-Montrond (Cher)
pour le compte des éditions Grasset
61, rue des Saints-Pères, 75006 Paris

N° d'Édition : 9400. N° d'Impression : 322-94/060.
Dépôt légal : février 1994.
Imprimé en France
ISBN 2-246-48681-5